The Cross-Border E-Commerce

跨境电商物流

阿里巴巴速卖通宝典

速卖通大学 编著

電子工業出版社
Publishing House of Electronics Industry
北京•BEIJING

内 容 简 介

《跨境电商物流》是由阿里巴巴速卖通大学的几位资深讲师结合实践完成的一本跨境 B2C 力作。"阿里巴巴速卖通宝典"系列已出版的图书有：《跨境电商物流》、《跨境电商客服》、《跨境电商美工》、《跨境电商营销》、《跨境电商数据化管理》和《跨境电商——阿里巴巴速卖通宝典（第 2 版）》。已有近 20 万名跨境电商从业者选择阅读本套丛书，各类跨境电商培训机构和院校的学员也将本套丛书作为提升理论水平与实践能力的参考用书。

本书通过 6 章的内容，尽可能全面、详尽地介绍了国际物流方式、物流模板设置、国际物流发运流程、跨境电子商务与国际物流管理、海关清关常识、海外仓基础知识。

本书适合所有已经从事跨境电商，或有志于此的朋友们，让天下没有难做的跨境生意！

图书在版编目（CIP）数据

跨境电商物流 / 速卖通大学编著. —北京：电子工业出版社，2016.1
（阿里巴巴速卖通宝典）
ISBN 978-7-121-27562-3

Ⅰ. ①跨… Ⅱ. ①速… Ⅲ. ①电子商务－物流－研究 Ⅳ. ①F713.36②F252

中国版本图书馆 CIP 数据核字(2015)第 269691 号

策划编辑：张彦红
责任编辑：徐津平
印　　刷：三河市双峰印刷装订有限公司
装　　订：三河市双峰印刷装订有限公司
出版发行：电子工业出版社
北京市海淀区万寿路 173 信箱　邮编：100036
开　　本：720×1000　1/16　印张：11.5　字数：199 千字
版　　次：2016 年 1 月第 1 版
印　　次：2016 年 1 月第 1 次印刷
印　　数：8000 册　定价：49.00 元

凡所购买电子工业出版社图书有缺损问题，请向购买书店调换。若书店售缺，请与本社发行部联系，联系及邮购电话：（010）88254888。

质量投诉请发邮件至 zlts@phei.com.cn，盗版侵权举报请发邮件至 dbqq@phei.com.cn。
服务热线：（010）88258888。

序言一

阿里巴巴旗下的全球速卖通平台原本只是阿里巴巴 B2B 业务中的一个项目。因为洞察到外贸订单碎片化的趋势，速卖通业务负责人沈涤凡和核心团队在过去 5 年卧薪尝胆，披荆斩棘，硬是趟出一条跨境电商零售之路。

有时我会觉得不可思议，难道就是这样一群普通的不能再普通的小二，帮助中国数以万计的商家把上亿商品行销海外，服务了全球超过 220 个国家和地区的消费者么？

之前速卖通低调得令国人甚至阿里同事都感觉陌生。直到在刚刚结束的 2015 年全球化双十一活动中大放异彩，单日创造的 2124 万笔订单，终于让坚定的跟了我们很多年的中国卖家幸福的泪流满面。

要感谢过去五年无数“中国制造”和中小外贸公司甚至个人卖家的不离不弃，陪伴速卖通平台一起成长壮大，共同探索跨境电商的技巧和心得。作为平台，我们除了帮助卖家获取到全球优质流量，陪衬完善的跨境支付和物流解决方案以外，最重要的任务是向商家学习，把优秀商家的心得和我们探索的经验充分与大家分享！

跨境电子商务领域的全球竞争已经开始。而中国将首次因为拥有世界上最大的电子商务市场而重新制订“电商 WTO”新秩序。这对于一直在寻找转型方向感的“中国制造”，对于想要全球化国际化的本土企业，对于渴望价廉物美的中国商品的全球消费者，都是一种希望。

让天下没有难做的跨境生意！

阿里巴巴集团跨境 B2C 事业部总经理　逸方

序言二

2014 年 5 月，江南渐入初夏的日子，我来到绥芬河，在这个湖面依然冰封的边陲小城举行客户见面会。当地的卖家热情之高，让我惊讶。与其中一位客户随意交谈，他告诉我，之前从事传统边贸十余年，也做过淘宝，而现在毅然转型速卖通的原因，一是在国外社交网站上，看到越来越多的老外在晒单，夸耀在速卖通上买到的物美价廉的商品；二是看到物流公司的速卖通业务突飞猛进。“这两件事情，假不了！”他非常肯定地说。

电子商务在中国虽然只有短短十余年的历史，但已经经历了 B2B、C2C 两次创业浪潮：第一次让许多外贸公司、外贸工厂如虎添翼；第二次，淘江湖应运而生，淘宝、天猫成为网购的代名词；而现在，跨境 B2C 来了。

速卖通平台能够让卖家直接面对全球终端客户，这条短得不能再短的商业链，造成了多赢的局面，因而业务呈现爆发式的增长。而大量卖家，经历过 B2B、C2C 的历练和准备后，如上面那位绥芬河卖家一样，有勇气和能力，直面全球 220 多个国家和地区的消费者。

由于不同的语言、地域、气候、国家政策、文化、消费习惯等因素，跨境电商从一开始，就对卖家提出了较高的要求，在基础操作、规则、选品、物流、营销、数据分析、视觉美工、客服、支付等电商课题上，需要有不同于国内电商业务的视野和思考。

作为直接负责卖家成长和培训的部门，速卖通大学从创立开始，就秉持“助人为快乐之本”的信念，面对市场日益急迫和汹涌的学习需求，在线上及线下，借助速卖通大学讲师团及全国合作机构、商会、院校的力量，帮助速卖通卖家提升和进步！

本书的编纂工作，集结了速卖通大学最为优秀的师资力量，他们以极端负责的精神，投入了大量的时间和精力，没有这些老师们的努力，就不会有此书如此高质量的出版！在此致以衷心的感谢！

由于电子商务时时刻刻都在高速进化，永远是 beta 版，本书的内容只对应截稿日的页面、规则、数据和经验之谈。另外，由于水平有限，时间仓促，难免有不足之处，请各位同行及读者不吝提出宝贵意见和建议。

最后，愿此书能帮助所有从事跨境电商的朋友们取得更好的业绩！

速卖通大学讲师团　横刀

序言三

2014 年被业内称之为“跨境电商的元年”，同年 7 月份，在众人的强烈反对声中，我毅然打破了一份被称之为“铁饭碗”的令多少人羡慕不已的工作，从一家世界五百强的央企辞职创业，并创办了速卖通大学格博商学院。从商学院开业那天起，我身上又多了一份责任，我不仅是速卖通 20 多万活跃卖家中的一员，还是速卖通大学的“金牌讲师”、“绿带讲师”，并更多的是一个“负责人”，这个机构负责的是速卖通平台卖家的成长，速卖通的成长势必会遇到种种的艰难险阻，也会存在各式的困惑。于是，我们在“助人为快乐之本”的讲师使命的基础上，新增了一个使命——让跨境贸易更简单。

但其实，我们都知道，跨境贸易并不简单，尤其是当跨境贸易结合了电子商务的手段以后。我感恩于过往先后在两家央企的长达 7 年的工作经历让我接触了很多速卖通的卖家朋友，也做过很多跨境电商的周边服务，多次的调研结果让我非常清晰地知道在众多的创业或就业者们投身于跨境电商事业时，跨境电商物流及其引起的纠纷、损失是其中很大的一个痛点。身边很多做传统外贸生意的老板受到经济形势变化的影响，或主动或被动地想要往跨境电商方向过渡，然后习惯于“少品种、大批量、少批次、长周期”的货物储存和运输模式的他们，很难适应客户对于“多品种、小批量、多批次、短周期”的订单及其物流的需求。不少卖家甚至于一味地盲目追随低价，从物流渠道求毛利，而无暇于选择更优性价比的渠道、权衡各种物流服务区域间的价格差异和服务差异，最终导致企业运转岌岌可危。

在今天，这个“互联网+”的时代，跨境电商物流已然成为影响消费者购物体验的核心环节，我认为各位跨境电商卖家应该更注重品类拓宽和供应链、品牌的发展，在销售端保证健康毛利的情况下，可以考虑成本稍高但服务更优的物流方式，以更优的客户体验来推动销售增长。跨境电商物流的合理运用不仅能提高买家的消费满意度、提高卖家利润率，更为产品拓展海外市场、树立品牌形象奠定了基础。

面对纷繁复杂的跨境电商物流方式，该怎么选择和使用各种各样的物流解决方案和产品，以最大限度地降低物流风险，同时取得最理想的经营效果，速卖通大学集结了最为优秀的师资力量，参与本书的编撰和指导工作。其中包括速卖通的相关负责人横刀、刘莎莎、方晓靖、胡婧、菜鸟物流的张旻，以及速卖通大学负责执笔的讲师们。本书的第 1 章“国际物流方式的基础常识”由郑文中老师负责执笔，第 2 章“物流模板设置”由本人负责执笔，第 3 章“国际物流发运流程”由汪星老师负责执笔，第 4 章“跨境电子商务与国际物流管理”由司利玲老师负责执笔，第 5 章“海关清关的常识”由张晓飞老师负责执笔，第 6 章“海外仓基础知识”由许洪美老师和周洪老师负责执笔。

由于电子商务的发展日新月异，以及平台的日益改进，本书的内容只是围绕着截稿时的速卖通后台页面作出的经验之谈。也由于作者的水平有限，时间仓促，难免有不足之处，因此恳请各位读者能不吝提出宝贵意见。我们也将和广大的读者朋友们共同成长，共同进步！

最后，我谨代表本书的编撰作者们祝福各位读者朋友，愿你们的跨境电商之路越走越通畅，越做越简单，成绩愈加丰硕，战果愈加辉煌！

速卖通大学讲师团　张何文

目录

第 1 章

国际物流方式的基础常识

本章要点：

- 常见国际物流名词解释
- 国际物流分类
- 国际物流优劣势对比
- 常用的订单跟踪查询网站

1.1 常见国际物流名词解释

跨境电子商务在本质上应该包含进口与出口。进口也就是俗称的海淘，针对跨境进口电商物流，本书将不做讨论，重点将着眼于跨境“出口”电子商务的物流为主轴展开。以下对跨境出口电子商务简称为“跨境电商”。跨境电商在国内外大环境氛围与政府政策牵头带动下，国内电商平台如淘宝、天猫，商品同质化严重，市场竞争激烈，而且准入门槛越来越高。就大环境而言，国内工厂很多因为不堪人工成本节节上升，多数已经转移或准备将生产基地转移到东南亚或者人工成本更低的国家，中国制造的产品“现阶段”在世界各地市场仍然有着较明显的价格优势。因此，不少卖家纷纷涌入跨境电商的领域大展拳脚，期望也能够在这块大蛋糕中分一杯羹。然而，“跨境物流”在跨境电商中扮演着至关重要的角色，是决定买家用户体验是否良好的重要因素之一。随着跨境电商市场日趋成熟，跨境物流渠道的选择也越来越多，行业也越来越规范。接下来，本书将针对“跨境物流”由浅入深带领大家更深入地去了解和应用。

对各国际物流名词解释之前，让我们先来了解一下国际物流发生的过程。由于在速卖通平台上，跨境电商主要是针对 B2C 的客户群体在探讨跨境物流发生的过程，因此，本书中的跨境物流渠道知识点的展开主要是设定为 B2C 的发货过程。卖家收到平台订单之后将货品打包发出，包裹通过各种不同的物流渠道从发件国海关以海、陆、空运到达收件国海关，国际小包以空运方式为主，最后通过收件国当地派送渠道送到买家的手上。整个过程有几个主要的环节让我们再重新理一理：

（1）发件国物流渠道：① 实重、② 体积重、③ 跟踪号、④ 转单号、⑤ 排仓、⑥ 爆仓、⑦ 偏远、⑧ 上网时效、⑨ 起飞时效、⑩ 未上网、⑪ 申报；

（2）发件国海关：⑫ 出口总包护封开拆、⑬ 出口总包直封分发、⑭ 出口总包护封分发；

（3）空运、在途中：⑮ 交航、⑯ 转运 / 中转；

（4）收件国海关：⑰ 清关、⑱ 税号、⑲ 检疫、⑳ 关税、㉑ 扣关、㉒ 清关时效；

（5）收件国物流：㉓ 丢弃 / 退件、㉔ 代收、㉕ 丢件；

（6）收件人签收、妥投。

① 实重/净重（Net Weight）

包裹放在磅秤上显示的实际重量。

② 体积重（Dimension Weight）

在 EMS 与商业快递的收费方式中，除了包裹实重外，还会计算包裹体积重，体积重与实重择其较大者作为收费标准。当体积重>实重，则按照体积重收取运费。若实重>体积重，则按照实重收取运费。按照体积重收费的货品称为“抛货”，体积重收费又称为“计抛”，EMS 只有在长、宽、高三边中任一单边达到 60cm 以上（包含 60cm）的，才需计体积重。体积重的计算公式：长 cm×宽 cm×高 cm / 5000 = xx kg （EMS 以 8000 作为分母）。

例 1，客户买了一个手机壳和一个小音响，发 DHL，用纸箱包装，实重 0.98kg，纸箱长 13cm/宽 20cm/高 18cm，此时：

实重：0.98kg，按 1kg 计；体积重：13×20×18/5000=0.936kg，按 1kg 计；

计费重量：1kg。

例 2，客户混批手机壳和平板电脑保护套，发 FedEx，用纸箱包装，实重 1.4kg，纸箱长 25cm/宽 20cm/高 18cm，此时：

实重：1.4kg，按 1.5kg 计；体积重：25×20×18/5000=1.8kg，按 2kg 计；

计费重量：2kg。

③ 跟踪号（Tracking Number）

当包裹被物流渠道服务商揽收后，物流渠道服务商会提供一组英文字母加数字或是纯数字组合的物流信息跟踪号，买家可以透过这组跟踪号追查包裹目前最新状况。以下用中国邮政挂号小包为示例单号解释：RR123456789CN。

根据万国邮联规定，查询号码的统一规则（由字母及数字组成 13 位标准单号）前面 2 个字母，中间 9 位数字，后面 2 个字母是根据标准 ISO 3166-1 国家名称简码定义发件国家，部分国家可能存在自己定义的特殊单号。

«A»—平邮小包（不超过 2kg）　　«R»—挂号小包（不超过 2kg）

«V»—挂号小包（保险）（不超过 2kg） «C»—邮政大包（2kg 以上）

«L»—邮政特快专递（不超过 2kg） «E»—邮政特快专递（2kg 以上）

④ 转单号（Transfer Number）

航空包裹无法由寄件国直达目的国，途中经过第三方国家因而产生的另外一组跟踪号；或是抵达收件国之后，当地的派送公司可能另外给出的追踪号；也有可能遇到异常情况的转单号。

⑤ 排仓（Row Positions）

已经被海关放行的货物被航空公司根据货物尺寸、轻重编排装载表，然后交给货站进行货物装箱或预配。一般指四大快递航班仓位不足而需要等待的情况，可能收取排仓费。

⑥ 爆仓（Blasting Warehouse）

一般指物流旺季快递或者邮政渠道包裹太多而超出承受能力，来不及分拣，甚至没办法再收件，大量快件滞留在始发站或中转站。到达目的地的时间相对比较长。爆仓发生的原因可以有：天气因素（大雪、洪水、台风），网购高峰期（大多是节日前后，圣诞、元旦、春节、情人节等），国际赛事加强安检（如奥运会），长假期快递公司多数人员休假等因素。

⑦ 偏远（Remote Area）

针对商业快递发货的包裹，部分地区邮路不发达，因此快递公司会收取一些额外服务费用。邮政渠道（包含 EMS）发货无偏远费。

⑧ 上网时效（Information Received）

是指邮局收货并查货后把单号数据上传到官网的速度，如果是直封分发，那通常在拿到单号之后的 1~3 个工作日内就可以查看到物流信息开始更新，透过线上发货的包裹，仓库在工作日收到包裹后的隔天，基本上都可以看到物流信息更新。若是线下发货的包裹，超过 3~5 天仍看不到物流信息更新，那卖家们需认真考虑此货代处理货物的时效性了，很有可能货代将货物转手给其他货代造成物流信息更新滞后。平台大促或是购物旺季来临时，因为各个邮局的处理能力有限，爆仓时货物堆积如山，很有可能导致物流信息更新严重滞后。

⑨ 起飞时效（Dispatched to Overseas）

邮局把货物送到海关查货，放行后机场等待航班，一般来说到欧美的航班多，速度更快，到未开发国家需要等待更长的时间。

⑩ 未上网（Information Failed）

单号数据在官网上还未更新或暂时查询不到包裹任何信息。

⑪ 申报（Claim）

申报指发件人对包裹内容陈述，将物品详情、数量、金额三大要素体现在形式发票（快递）或报关单（小包）上，给进口国家当地海关进行对该货物检查。比如加收关税等动作是由这个申报信息产生的。

⑫ 出口总包护封开拆（Arrival at Transit Office of Exchange）

一般寄出口包裹时，会根据不同的目的地国，装在邮递袋子里封好，这个称为总包。经过海关检查后合格的总包，要再封上，称为护封。邮局把货交给海关（都是一大袋一大袋的，一个大的袋子装了很多的中国邮政的小包），海关会把邮局的包裹大袋子拆开，过机扫描，有时会抽查，看物品是否和申请的一致。所以货物名称要写清楚，如果有点模糊，就会拆包检查，会很耽误货物发出的时间。

⑬ 出口总包直封分发

出口总包护封开拆以后一般会显示出口总包直封分发，这表示包裹已经顺利地通过海关检查，重新打包好，交给航空公司，航空包裹由寄件国直达目的国，途中不经过第三方国家。

⑭ 出口总包护封分发

需要中转的包裹，根据不同地址分拣后的进口小包裹，再次封装成为总包，发往目的地投递站点。

⑮ 交航

国内服务商已经把货品交给机场，包裹已经在机场或者已经交给发货的飞机公司，显示交航就是已经上了目的国的航班，下一条更新信息就是货品已经抵达收件国了。

⑯ 转运 / 中转（Transport / Transit）

航空包裹无法由寄件国直达目的国，途中经过第三方国家。转运中物流操作人员不规范操作或暴力分拣，可能导致货物破损或丢失。多次转运可能导致货物上网的信息非常慢。

⑰ 清关（Customs Clearance）

即结关，是指进口货物、出口货物和转运货物进入或出口一国海关关境或国境必须向海关申报、办理海关规定的各项手续，履行各项法规规定的义务。

⑱ 税号（Tax Number）

纳税人识别号通常简称为“税号” 。纳税人识别号就是税务登记证上的号，每个企业的识别号都是唯一的。在某些国家，除了企业税号，也有个人税号，如巴西、澳大利亚。巴西的税号分为个人税号 CPF NO，公司税号 CNPJ NO。纳税人识别号由税务部门编制，唯一且终身不变。个人税号与企业税号的区别在于清关能力。申报金额较高的货品，极有可能无法使用个人税号去报税清关。

⑲ 检疫（Quarantine Inspection）

检疫是指卫生检疫、动植物检疫、商品检疫的总称，电子类产品主要是要求各种认证和查仿牌。

⑳ 关税（Custom Duty / Tax）

关税是指国家授权海关对出入关境的货物和物品征收的一种税，基本每个国家都有个申报关税的起征点。热门国家在网上有摘抄，关税还有涉及反倾销类、增值税。当货品申报的价值超过目的国家进口货物最高免税金额时，就有可能必须缴交关税。

范例

英国税率起征点：15 英镑

综合关税的组成：VAT（增值税）+ DUTY（关税）+ ADV（清关杂费）

VAT =货值（向海关申报）+ 运费 + DUTY

DUTY（关税）= 货值 ×产品税率

澳洲税率起征点：1000 澳币

综合关税的组成：GST（增值税）+ DUTY（关税）+ ADV（清关杂费）

GST=（货值（向海关申报）+运费+DUTY）×10%

DUTY（关税）= 货值×税率
美国起征点：200 美金
综合关税的组成：DUTY（关税）+ ADV（清关杂税）
DUTY（关税）=货值×税率

以上范例的起征点仅供参考，发货若涉及税点，最好事先跟买家或是货代公司确认目的地国家的关税和免税额。卖家虽然没有承担关税的责任与义务，但买家极有可能因为高昂的关税导致不清关，因而产生交易纠纷。

㉑ 扣关（Detained by Customs）

包裹在收件国海关因某些原因而被当地海关查扣，大多是以下几种情况：申报价值和估价不一致、品名和产品不符、装箱清单不详、收货人条件不允许（没进出口权等）、包裹价值超过收件国免税金额（需要补交关税）、违禁产品。

㉒ 清关时效（Arrived at overseas）

货物在海关完成正常手续并放行的时间。

㉓ 丢弃 / 退件（Abandon / Return）

包裹到了收件国之后，因为“任何”原因无法顺利妥投，就会面临丢弃或是退件。在某些国家，即使是丢弃，也会被收取“处理费”。如选择“退件”，万国邮政明确规定了小包退回到发件目的地国家是免费的，如新加坡邮政发美国退回到新加坡是免费，但是如若还需要这个货物的话，从新加坡到中国的运费需要自行承担，并且可能会产生进口关税的费用。商业快递如若需要退件，基本上退件是寄件费用的 3 ~ 5 倍。所以商业快递请不要随便让客户拒签！

㉔ 代收（Waiting Collection）

当包裹在收件国无法顺利妥投的情况下，通常会被暂存在当地的物流服务中心 1~3 个星期，具体时间因不同的国家而有所不同，然后会通知收件人在暂存时间结束之前自行前往领取，时间结束之前若无人领取，包裹有可能会被丢弃或退件处理。

㉕ 丢件

在网上已无信息更新，邮局并未回复开查结果并且客户未签收的货物。 邮政有赔偿，确认丢失后，邮政有“限额”赔偿（通常很多情况下不是丢件，可能是收件国不支持物流信息更新）。

1.2 国际物流分类

在跨境电商的交易中，消费者通过电子商务平台购买海外商品的过程：商品从卖家手中到发件国海关，再到收件国海关，接着通过当地物流派送，最终让消费者顺利收到货品。这过程主要通过“国际物流”将国际卖家与国际买家两者相扣。国际物流方式可分为海运、空运、陆运或者联运，以批发跟零售划分运输方式。批发 B2B 多为海陆运为主，零售 B2C 则以空运为主。本章节主要探讨零售 B2C 的国际物流方式，用**时效性**与**运费成本**两个维度，针对不同的发货渠道将空运方式做分类介绍。

1.2.1 邮政包裹物流渠道

邮政物流渠道，顾名思义，就是通过当地的邮局将本地货品送交到海外买家的手里。说到邮局，这里必须提到一个组织名称——“万国邮政联盟（Universal Postal Union--UPU）”，简称“万国邮联”或“邮联”，如图 1-1 所示。邮联成员为各国家邮局代表，其宗旨是组织和改善国际邮政业务，发展邮政方面的国际合作，以及在力所能及的范围内给予会员国所要求的邮政技术援助。邮联设有公约，主要内容包括：

（1）国际邮政业务的共同规则；

（2）函件业务的规定（邮资、重量、尺寸限制、禁寄物品、海关监管等）；

（3）函件的航空运输规则（加快附加费、不收燃油附加费、航空函件优先处理、改寄和退件原则等）；

（4）公约的生效日期和有效期限。

目前邮政网络覆盖全球 220 个国家，比其他任何物流渠道网络覆盖都要广泛，只要有设置邮局的国家，都可以通邮。因此，邮政物流渠道也是目前大多数跨境电商卖家使用最频繁的发货方式。

图 1-1　万国邮联 LOGO

以下将以中国邮政为例介绍邮政物流提供的服务，邮政物流的服务主要有：

（1）中邮平常小包+（China Post Ordinary Small Packet Plus）;

（2）中邮挂号小包（China Post Registered Air Mail）;

（3）中邮大包（China Post Air Parcel）;

（4）国际 E 邮宝（ePacket）与国际 E 特快（e-EMS）;

（5）EMS。

若以时效性跟运费成本将以上 5 种服务做分类，则国际 E 邮宝与国际 E 特快将被归类在专线物流，在 1.2.3 介绍；EMS 则归类到商业快递，在 1.2.2 介绍。这部分各位读者需注意的是，在速卖通后台的运费模板设置（如图 1-2 所示），以上的 5 种物流方式都是被归类到邮政物流下面。在介绍以上几种物流方式之前，我们先概述一下邮政渠道物流的观念。

（1）据笔者与跨境出口的物流服务商交流中了解，中国出口跨境电商有超过一半以上的包裹都是通过邮政系统投递，投递渠道为平邮或挂号小包；

（2）平邮或挂号小包对包裹的尺寸与重量的要求相同，两者的差异主要在派送的国家多寡，以及是否收取挂号费；

（3）邮政包裹物流在符合尺寸与重量限制的前提之下，不计算抛重（体积重）。

邮政物流 商业快递 专线物流 其他

邮政大小包风险较高，若需使用必须挂号

选择物流	运费设置	运达时间设置
EMS	标准运费 卖家承担运费 自定义运费	承诺运达时间 27 天 自定义运达时间
ePacket e邮宝	标准运费 减免 0 % 即全折 卖家承担运费	承诺运达时间 27 天
e-EMS E特快	标准运费 减免 0 % 即全折 卖家承担运费 自定义运费	承诺运达时间 27 天 自定义运达时间
DHL Global Mail	标准运费 减免 0 % 即全折 卖家承担运费	承诺运达时间 27 天
China Post Registered Air Mail 中国邮政挂号小包	标准运费 卖家承担运费 自定义运费	承诺运达时间 天 自定义运达时间
China Post Ordinary Small Packet Plus 中国邮政平常小包+	标准运费 减免 0 % 即全折 卖家承担运费 自定义运费	承诺运达时间 天 自定义运达时间
China Post Air Parcel 中国邮政大包	标准运费 减免 0 % 即全折 卖家承担运费	承诺运达时间 天 自定义运达时间

图 1-2　速卖通后台的运费模板设置

中邮平常小包+

针对金额 7 美金以下小件物品推出的空邮产品，不需要挂号费，适合货值低、重量轻的物品，在速卖通线上发货的平台，运送范围仅开通了 25 个国家，阿根廷（须注意阿根廷因为外汇流失对网上购物进行限制，每人每年限购 2 次不超 25 美元）、爱尔兰、澳大利亚、巴西、比利时、波兰、俄罗斯、丹麦、德国、法国、荷兰、加拿大、捷克、美国、墨西哥、挪威、葡萄牙、瑞典、土耳其、乌克兰、西班牙、以色列、意大利、英国、智利。若扣除阿根廷，线上使用平常小包+发货只剩下 24 个国家，线下通过货代发货则无此限制。

此处读者须注意，平邮和中邮平常小包+是两个不同的物流服务。平邮不提供任何追踪信息，平常小包+是平邮的升级版本，可提供国内段追踪信息，但不提供交航之后的追踪信息。市面上很多货代提供的平常小包+服务都是假的，其实是平邮。中国邮政目前只针对可直飞的国家提供了平邮+服务。读者若选择线下发货需注意此风险。另外，前段时间俄罗斯邮政因为邮政业务量暴增与网购逃税的问题限制收取未挂号的包裹，虽然目前已取消限制令，但各位跨境电商的从业者需时时关注市场最新动态，才能够在第一时间做出即时的反应，降低风险与损失。平常小包+的运费按克计费。货物寄送限制：1. 违禁品不能发运；2. 液体、带电产品不能发运。发货后无物流更新信息可查，无法查询包裹是否妥投，线上发货可以查询国内段收寄、封发、交航等信息，不提供国外段跟踪信息。正常情况的时效为 16 ~ 35 工作日左右到达目的地；特殊情况的时效为 35 ~ 60 工作日到达目的地，特殊情况包括：节假日、政策调整、偏远地区等。包裹尺寸与重量限制，如表 1-1 所示。

表 1-1　平邮&挂号小包重量体积限制

包裹形状	重量限制	最大体积限制	最小体积限制
方形包裹		长+宽+高≤90cm，	至少有一面的长度≥14cm，
	1g 起重	单边长度≤60cm	宽度≥9cm
圆柱形包裹	2kg 以内	2 倍直径及长度之和≤104cm，	2 倍直径及长度之和≥17cm，
		单边长度≤90cm	单边长度≥10cm

中邮挂号小包

针对 2kg 以下小件物品推出的空邮产品，支持发往全球绝大多数地区，基本上只要有邮局的国家都可以通邮。货物寄送限制：1. 违禁品不能发运；2. 液体、带电产品不能发运。全程可跟踪查询。运费按克计费。正常情况的时效为 16 ~ 35 工作日左右到达目的地；特殊情况的时效为 35 ~ 60 工作日到达目的地，特殊情况包括：节假日、政策调整、偏远地区等。包裹尺寸与重量限制，请见表 1-1。

中邮大包

针对 2kg 以上，30kg 以下（部分国家限重 20kg）大件物品推出的服务。货物寄送限制：1. 违禁品不能发运；2. 液体、带电产品不能发运。支持发往全球，全程可跟踪查询。运费按公斤计费。中邮大包按运输方式进行的分类命名，可分为以下 3 种：

（1）中邮航空大包，英文名称 Air;

（2）中邮空运水陆路运大包，英文名称 Sal;

（3）中邮水陆路大包，英文名称为 Surface。

通常我们说的中国邮政大包是指中国航空大包（Air），时效在航空大包中时效最高，水运费用最低，但是使用者却是最少的。邮政大包的时效可以参考邮政小包。正常情况的时效 Air 通常为 10～15 工作日，Sal 与 Surface 通常为 60～90 工作日。特殊情况的时效 Air 通常为 35～60 工作日到达目的地，不建议使用 Sal 与 Surface，时效极为不稳定。特殊情况包括：节假日、政策调整、偏远地区等。以下用“中国邮政挂号大包”为例，仅供参考，但不同邮政渠道的大包在尺寸重量会有所不同，如表 1-2 所示。重点就是注意把最长边的尺寸控制在 1m 以内，重量控制在 18kg 以内，如果超过，就可以考虑商业快递 21kg 以上的大货价服务。

表 1-2　中国邮政挂号大包重量体积限制

重量限制	最大体积限制	最小体积限制
（1）0.1kg<=重量<=30kg	（1）单边<=1.5m，长度+长度以外的最大横周合<=3m	
（2）部分国家不超过 20kg		最小边长不小于 0.24m，宽不小于 0.16m。
（3）每票快件不能超过 1 件	（2）部分国家，单边<=1.05m，长度+长度以外的最大横周合<=2m	
每 kg 收费		

其他国际邮政大小包

在中国，除了业务量最大的中邮小包之外，还有其他类型的小包服务。可将其区分为两种：

（1）其他国家的邮政小包服务，如香港邮政大小包、新加坡邮政小包、瑞士小包、瑞典小包，这些都是速卖通后台可以选择的线上物流方案，另外还有荷兰邮政小包、比利时邮政小包、德国邮政、马来西亚邮政大小包、澳洲邮政小包等，受制于万国邮政联盟公约规定，非本国邮政局不能在其他国家直接揽收邮件，因此，这些渠道大多是通过货代收件之后再统一空运到该国后再做分拣，然后再发往买家所在国，最后派送到买家手中。

（2）商业快递为了拓展业务，针对邮政小包的尺寸与重量性质，所发展出的“针对性”物流服务，如 DHL 全球小包。小包的尺寸重量要求与表 1-1 相同，主要的差异在于收费标准不同。

1.2.2　国际商业快递渠道

国际商业快递泛指四大商业快递巨头，即 DHL、TNT、FedEx 和 UPS。除了耳熟能详的四大商业快递之外，尚有邮政渠道的 EMS 服务，澳大利亚快递公司 TOLL。商业快递相对于邮政物流渠道最大的分别就是计费标准与时效性。通过自有的货机团队，本地化派送服务，为买家和卖家提供良好的客户体验。然而，优质的服务体验随之而来的是高昂的运费成本。

针对以上这几家快递公司，UPS 是世界最大的快递公司，在美洲与欧洲的时效上会比较有优势。FedEx 在欧洲与东南亚的时效上相对较好，去美国或是加拿大的时效与价格也是不错的选择。TNT 是荷兰最大的快递公司，在西欧国家具有较强的清关能力，在中东路线的价格也是相对较好。DHL 是欧洲最大的快递公司，实力强劲，整体综合价格最为优惠。EMS 之所以被归类在商业快递，主要原因在于它的时效比小包快，价格计算方式与商业快递相同，但有部分条件限制。商业快递基本时效都在 2～7 个工作日内可以完成妥投。彼此之间的时效差异并不会太过明显，选择以上主要会以价格与清关能力作为选择指标。具体的价格可以参考各个商业快递的官网或者向合作的货运代理咨询。

每一家商业快递与邮政 EMS 在具体的发货尺寸与重量上会有些微的差异，以下将通过一个简单的表格，用收费标准特性、重量要求特性、尺寸要求特性这三个维度去帮助各位读者迅速了解商业快递与国际小包的区别，如表 1-3 所示。

表 1-3　四大商业快递与邮政EMS收费、重量、尺寸要求特性的比较

物流方式	收费标准特性	重量要求特性	尺寸要求特性
四大商业快递	每 0.5 kg 为一收费单位，第一单位称为首重，第二单位开始称为续重，21 kg 以上有大货价，大货价为每 1 kg 为一个收费单位。需在运费的基础上加收燃油附加费，燃油费的费率根据油价或是快递公司的成本会每个月变化。 体积重（抛货）kg=长 cm×宽 cm×高 cm / 8000	每件货的重量必须在 68~70 kg 以内，具体限重根据不同的快递有不同的要求，可一票多件。	任一边不超过 120 cm，超过可能产生额外费用或者遭到拒收。体积重（抛货）与实际重取较大者收费。
邮　政 EMS	每 0.5 kg 为一收费单位，第一单位称为首重，第二单位开始称为续重，没有大货价。无需加收燃油附加费。 体积重（抛货）kg=长 cm×宽 cm×高 cm / 5000	每件限重 20 kg。内装易碎物品或流质物品的邮件，每件限重 10 kg，一票一件。	仅对长、宽、高三边中任一单边达到 60cm 或以上的包裹进行计算体积重。尺寸限制内的包裹只按实际重收费。

区别于小包按 g 收费且限重 2kg，时效差，丢包率相对较高，商业快递与邮政 EMS 在时效上有绝对的优势，为批发客户或者单价较高的产品首选的发货方式。但须注意一些额外可能产生的费用：

（1）因申报价值产生的收件国关税；

（2）收件地址超出派送范围而无法派送或者需加收偏远地区费；

（3）更改地址的转派费用；

（4）尺寸或重量超出限制的额外费用；

（5）无法妥投的退货费用，此费用通常是发货运费的 3 ~ 8 倍。

邮政 EMS 则须注意在寄达国邮政对邮件的重量、尺寸限制另有规定时，应按寄达国邮政的有关规定办理。

1.2.3 专线物流渠道

专线物流服务主要是依托在发件国与收件国的业务量规模，在此原则之下，市面上最普遍的专线物流产品是美国专线（国际 E 邮宝（ePacket））、西班牙专线（中外运-西邮标准小包、中外运-西邮经济小包）、澳洲专线、俄罗斯专线（速优宝芬兰邮政、芬兰邮政经济小包、中通俄罗斯专线、139 俄罗斯专线、中俄航空 Ruston、中俄快递-SPSR）、中东专线（Aramex）、南美专线、南非专线等（燕文专线）。针对体量大的收件目的国，卖家可能会有多种专线物流服务可供选择，比如俄罗斯是目前速卖通上最大的购买群体，在后台的线上发货系统就有多种物流专线服务可以选择。巴西虽然也是速卖通上主要的访客来源，但受限于当地海关容易对境外商品有各种原因的扣关以及当地派送效率差，可供选择的方案就远不如发往俄罗斯的物流专线多。物流专线的特性就是性价比相对于国际小包与商业快递是最高的。在尺寸与重量的要求与国际小包相同，时效上虽然不及商业快递，但已经远比国际小包提高很多。通常专线物流的时效在 7 ~ 14 天或者 14 ~ 21 天之内。

如果 E 邮宝是针对挂号小包的时效所诞生的物流服务，那国际 E 特快就是针对 EMS 所推出的物流服务，E 邮宝与国际 E 特快性质上同属专线快递，但在计费标准上有着很大的不同。E 邮宝的收费标准与挂号小包相同；国际 E 特快主要是针对 EMS 每 0.5kg 的计费方式调整为每 50g 为一个计费单位。在包裹的重量越接近 0.5kg 的计费单位时，国际 E 特快相比 EMS 的优势越不明显。国际 E 特快目前可选择发货的国家也不多，具体的国家列表可以参考中国邮政官网。

1.2.4　速卖通线上发货

“线上发货”是由阿里巴巴全球速卖通、菜鸟网络联合多家优质第三方物流商打造的物流服务体系，如表 1-4 所示。卖家使用“线上发货”需要在速卖通后台在线下物流订单，物流商上门揽收后（或卖家自寄至物流商仓库），卖家可在线支付运费并在线发起物流维权。阿里巴巴作为第三方将全程监督物流商服务质量，保障卖家权益。

线上发货物流商均承诺运达时间，因物流商原因在承诺时间内未妥投而引起的限时达纠纷赔款，由物流商承担！卖家可针对丢包、货物破损、运费争议等物流问题在线发起投诉，获得赔偿。

表 1-4　第三方物流商服务体系

物流方案名称	运送范围	揽收范围	时效承诺	赔付上限（人民币）
中国邮政挂号小包 China Post Registered Air Mail	全球	深圳、广州、义乌、金华、杭州、上海、北京、宁波、东莞、南京、福州	60 天（巴西 90 天）	300 元
中国邮政平常小包+ China Post Ordinary Small Packet Plus	俄罗斯、巴西、美国等 25 国	北京、上海、深圳、广州、杭州、义乌、南京、宁波、金华、东莞、福州、苏州、温州、厦门	/	300 元
新加坡小包（递四方）Singapore Post（4PX）可发带电货物	全球	深圳、广州、义乌、上海、厦门	60 天（巴西 90 天）	300 元
速优宝芬兰邮政 Posti Finland	俄罗斯、白俄罗斯	深圳、广州、义乌、金华、上海、苏州、北京、广东省内	35 天	300 元
芬兰邮政经济小包 Posti Finland Economy	俄罗斯、白俄罗斯	深圳、广州、义乌、金华、上海、苏州、北京	/	300 元
中外运-西邮标准小包 CORREOS PAQ 72	西班牙	深圳、广州、义乌、金华、上海、苏州、北京	30 天	300 元
中外运-西邮经济小包 Correos Economy	西班牙	深圳、广州、义乌、金华、上海、苏州、北京	/	300 元

续表

物流方案名称	运送范围	揽收范围	时效承诺	赔付上限（人民币）
中俄快递-SPSR Russia Express-SPSR 可发带电货物	俄罗斯	深圳、广州、义乌、金华、上海、苏州、北京	核心城市 15 天	1500 元
中俄航空 Ruston Russian Air	俄罗斯	广东、浙江、江苏、福建、上海	60 天	700 元
航空专线-燕文 Special Line-YW	俄罗斯、巴西、印尼等 22 国	深圳、广州、义乌、上海、北京	60 天 （巴西 90 天）	700 元

1.2.5 AliExpress 无忧物流

为确保卖家可以放心地在速卖通平台上经营，帮助卖家降低物流不可控因素的影响，速卖通特联合阿里巴巴旗下菜鸟网络共同推出线上发货升级版——“AliExpress 无忧物流”服务，为卖家提供包括揽收、配送、物流详情追踪、物流纠纷处理，售后赔付在内的一站式物流解决方案。

AliExpress 无忧物流是速卖通平台提供的官方物流，卖家只需要把货物发到国内仓库，速卖通平台会负责把货发到国外，并承担物流引发的售后及赔付。

AliExpress 无忧物流 5 大优势：

渠道稳定时效快

- 菜鸟网络与多家优质物流服务商合作，搭建覆盖全球的物流配送网络，全程可追踪。
- 智能分单系统会根据目的国、品类、重量选择最优物流方案。

低于市场价

- 发全球享受市场价 8~9 折，只发 1 件也有折扣。
- 支持使用支付宝收款账户中未结汇的美金支付运费。

操作简单

- 一键选择无忧物流即可完成运费模板设置，特别适合小白卖家。

- 出单后发货到国内仓库即可，深圳、广州、义乌等重点城市免费上门揽收。

平台承担售后

- 物流纠纷无需卖家响应，直接由平台介入核实物流状态并判责
- 因物流原因导致的纠纷、DSR 低分不计入卖家账号考核

你敢用我敢赔

- 物流原因导致的纠纷退款，由平台承担（标准物流赔付上限 800 元人民币，优先物流赔付上限 1200 元人民币）。

AliExpress 无忧物流提供 AliExpress 标准物流和 AliExpress 优先物流两种物流方案。

	AliExpress 标准物流 AliExpress Standard Shipping	AliExpress 优先物流 AliExpress Premium Shipping
预估时效	15~45 天	3~7 天
承诺运达时间	俄罗斯、白俄罗斯、乌克兰、爱沙尼亚、拉脱维亚、立陶宛 35 天，巴西 90 天，其他国家 60 天	/
物流跟踪信息	全程可跟踪	全程可跟踪
赔付上限	800 元人民币	1200 元人民币

1.3　国际物流优劣势对比

1.3.1　邮政包裹物流渠道

1．平邮

优点：不需要挂号费，适合货值低、重量轻的物品，按 g 收费（速卖通线上发货仅 7 美金以下订单可使用，线下发货不受货值限制）。

缺点：有尺寸跟重量限制，时效差，运送时间比较长，无包裹跟踪信息（速卖通线上发货仅由中国邮政提供国内段收寄、封发、计划交航等信息，不提供国外段跟踪信息。）

与其他物流方式相比的优势部分：

最大的优势就是节省了挂号费，以中邮挂号小包与中邮平邮为例，对于每天发货量比较大的卖家，每件货物如果能省下 8 元/天，发 100 票货/天，就能省下 800 元/天，

一个月下来也是一笔不小的额外收入，需要衡量的就是省下的挂号费是否能大于因货物没有妥投所造成的赔付。

丢包率需要卖家根据自己发货的经验或者通过其他途径取得相关讯息，譬如与其他卖家交流，目前在任何公开的渠道是不会提供这类相关信息。通常到欧美发达国家的丢包率会低于其他地区的丢包率，假设丢包率为 2%，100 票货/天，则 2 票需要赔付，省下的挂号费为 800 元，平均每票可以承受 400 元的赔付损失，考量到其他的赔付因素与风险，比如恶意纠纷的客户，或是骗子买家等因素，通常会将每票可承受的赔付金额“最少”再减少一半以上，也就是 200 元，所以得到的结论是：

每票总成本在 200 元以内可设置平邮发货，在丢包率 2%的前提之下，每 100 票的赔付金额为 400 元，省下的挂号费尚余 400 元。

各位读者需注意的是，这里只考量丢包率的赔付因素，实际操作上还须根据情况做出相对应的调整，平邮因为无法查询跟踪信息，所以存在一定风险，请各位读者小心使用。线下发货使用平邮是完全无跟踪信息可查，速卖通线上发货使用中邮小包+目前只可查询国内段物流信息，包裹出了国门之后无物流更新信息可查，目前平台只支持对 25 个国家使用此物流服务发货。

如表 1-5 所示的资料是速卖通线上发货的报价表（2015-08-03 更新），在平邮与挂号小包的价格差异上，作者将 25 个国家分成两个部分：第一部分 1~12 号的国家中，平邮每公斤的单位运费高于挂号小包；第二部分平邮每公斤的单位运费小于挂号。

（1）平邮的单位运费 > 挂号小包的单位运费，即第一部分的国家，1~12 号。

这部分的国家，除了俄罗斯每公斤的差价超过 8 元之外，其余的 11 个国家价差皆在 8 元以内，换句话说，即是在 1 kg 以内的包裹，挂号小包加上挂号费之后运费价格仍高于平邮价格，发往俄罗斯的平邮则在 507g 之后已经没有价格优势（再次提醒，俄罗斯邮政不接受国际平邮，此处只作为范例解释）

（2）平邮的单位运费 < 挂号小包的单位运费，即第二部分的国家，13~25 号。

这部分的国家，2 kg 以内的包裹，在运费计价成本上平邮有优势。

总结一下，虽然后台线上平邮发货，大多数的国家在 1kg 以内的运费成本皆小于挂号小包，第二部分的国家可以稳赚 8 元的挂号费，甚至每 g 的运费还能赚一点，第一部分的国家则是越接近 1 kg，则 8 元的利润空间则越来越小，所以在实际的操作上，这也是平邮要选择货值低，重量轻的原因，因为平邮没有追踪信息，一旦有买家提出纠纷，卖家很难举证对自己有利的证据，所以使用平邮一定要三思。

表 1-5　中邮平邮与中邮挂号小包价差表

No	国家列表		平邮 元 / kg	挂号小包 元 / kg	平邮 - 小包 价差
1	Argentina	阿根廷	105	104.5	0.5
2	Brazil	巴西	105	104.5	0.5
3	Mexico	墨西哥	105	104.5	0.5
4	Turkey	土耳其	85	80.75	4.25
5	Chile	智利	120	114	6
6	Australia	澳大利亚	83	76.95	6.05
7	Germany	德国	83	76.95	6.05
8	Netherlands	荷兰	83	76.95	6.05
9	Norway	挪威	83	76.95	6.05
10	Sweden	瑞典	83	76.95	6.05
11	Israel	以色列	83	76.95	6.05
12	Russia	俄罗斯	102.5	86.67	15.83
13	UK	英国	83	85.975	-2.975
14	Ireland	爱尔兰	75	76.95	-1.95
15	Belgium	比利时	75	76.95	-1.95
16	Poland	波兰	75	76.95	-1.95
17	Denmark	丹麦	75	76.95	-1.95
18	Czech	捷克	75	76.95	-1.95
19	Portugal	葡萄牙	75	76.95	-1.95
20	Italy	意大利	75	76.95	-1.95
21	France	法国	85	85.975	-0.975
22	Canada	加拿大	85	85.975	-0.975
23	USA	美国	85	85.975	-0.975
24	Ukraine	乌克兰	85	85.975	-0.975
25	Spain	西班牙	85	85.975	-0.975

2. 国际小包

优点：适用于走货值低，重量轻的产品（2 kg 以内），可查询到目前包裹的状态。运费相对于商业快递便宜，按 g 收费，清关能力强，大多数情况都不会产生关税，货物可以到达全球大部分地区，只要有邮局的地方基本上都可以到达。如货物无法妥投而须退件，退件免费。无偏远费，在符合尺寸与重量的限制之内不计算抛重。

缺点：时效差，运送时间比较长，有尺寸跟重量限制，不是所有国家都可以查询到包裹的状态。货品跟踪信息更新较慢。丢包率相对商业快递高。无法寄送带电、液体、粉末产品。在选择邮政包裹时，最好心中有数，期望值不要太高。

与其他物流方式相比的优势部分：

平邮因没有物流跟踪信息，潜在的赔付风险较高，专线只针对某些特定国家，商业快递运费高昂，所以，在排除了平邮、专线与商业快递的物流方式后，国际小包是应用范围最广泛的物流方式，是全球可发货地区涵盖最广的物流方式。

3．中国邮政大包：（China Post Air Parcel）

优点：2 kg～20 kg 以内的货物，大多数的地区，运费相对商业快递便宜。清关能力强，大多数的地区，可查询到目前包裹的状态。货物可以到达全球大部分地区，只要有邮局的地方基本上都可以到达。如货物无法妥投而须退件，退件免费。无偏远费，在符合尺寸与重量的限制之内不计算抛重。具体尺寸要求可以参考表 1-1 或是邮政官网。

缺点：尺寸与重量的限制，运送时间比较长。

与其他物流方式相比的优势部分：

邮政大包的方式分为三种：空运，海运，陆运。在本处只探讨空运的邮政大包，剩余的两种方式因为运达时效相对较长且不稳定，存在的风险较高，所以不建议读者使用。

邮政大包目前在速卖通上的使用比例还是相对商业快递低，大多数超过 2kg 的产品，大多是成本较高的产品，卖家为了促进买家体验与加快回款的速度，大多会用商业快递替代邮政大包。

1.3.2　商业快递

1．四大商业快递

优点：21 kg 以上的货物价格较有竞争力，性价比相对 21 kg 以下的包裹或是国际小包好很多，服务好，问题解决及时，网站信息更新快，可上门取货服务，客户体验好。这些大公司在当地都是自己的公司来派送，安全而且时间可以保证。

缺点：价格较贵，需要考虑体积重，偏远地区费，燃油附加费，寄件产品限制较多，退件费用昂贵，清关能力相对邮政渠道差，较可能产生关税，旺季可能会有排仓，可能会有转单号。

2．邮政 EMS

优点：按重量计费，包裹任一边超过 60cm 才算体积重。网络强大，清关能力强，限制较少，特别是对敏感的货物以及各种特殊商品，一般都可以通关，不易产生关税，不提供商业发票也可清关，而且具有优先通关的权利，免费提供退件服务。

缺点：网站更新消息不及时，没有大货价，相比于商业快递速度偏慢，一旦出现投递问题，处理时间较长。

与其他物流方式相比的优势部分：

商业快递相对于其他物流渠道发货，最大的优势就是“时效”，时效在本章节中介绍的所有物流方式有绝对优势，好的时效也意味着好的客户体验，大大地缩短了卖家在平台上资金的回款周期。但价格昂贵是硬伤，比较好的设置方式是将国际小包与商业快递结合使用，跨境物流在包邮的设置上基本都是使用邮政物流，在这运费成本基础上，将差价设置到对应的商业快递上，让买家只需补差价就可以使用更好的服务，对时效有要求的客户或是客单价比较高的产品有一定的吸引力。

1.3.3　专线物流

专线物流的优势在于通过规模效益将成本压低，以达到更优惠的运费成本，并且通过统一发货到收件国，加快清关处理速度，用更短的时间将包裹送达收件人手里。尺寸与重量的限制与国际小包相同，且只有物流体量较大的国家才有专线物流可以选择，可选择的方案受限制。以下是针对几个特定的收件国通过线上发货选择中邮挂号小包时，该收件国对应的专线物流收费标准，如表 1-6 所示。请注意，此价格表会随着时间的推移而发生变化，具体价格请根据发货当时的报价，线上发货的价格表在平台最后更新时间为 2015-08-03。

表 1-6　专线物流与中邮挂号小包价格对照表

No	国家列表		挂号小包	专　线	专线渠道
1	Brazil	巴西	104.5+8	70+22.5	线上燕文
2	Russia	俄罗斯	86.67+8	80+7	线上燕文
3	France	法国	85.975+8	70+26	线下 E 邮宝
4	Canada	加拿大	85.975+8	70+25	线下 E 邮宝
5	United States	美国	85.975+8	80+7	线下 E 邮宝
6	Spain	西班牙	+885.975	76.74+3.53	线上西邮小包
7	United Kingdom	英国	85.975+8	70+25	线下 E 邮宝

1.3.4　AliExpress 无忧物流与线上发货

与卖家自选物流相比，线上发货和平台的官方物流“AliExpress 无忧物流”更有保障。

“AliExpress 无忧物流”与卖家自选物流相比：

（1）使用门槛更低：卖家无需再设置复杂的运费模板，一键选择“AliExpress 无忧物流”即可完成运费模板设置；发货时卖家也无需选择发货渠道，菜鸟智能分单系统会根据目的国、重量、品类选择最优物流方案。

（2）人力成本更低：使用 AliExpress 无忧物流发货的订单，一旦买家发起物流纠纷，卖家无需响应，直接由平台介入核实物流状态并判责。卖家可以节省大量纠纷处理人工成本！

（3）降低物流纠纷资损：若因物流原因导致订单超出限时达时间未妥投，由平台承担赔款，按照订单支付金额的 100%赔付给卖家（标准服务赔付上限 800 元人民币，优先服务赔付上限 1200 元人民币）。

（4）物流纠纷不影响卖家服务等级：因物流原因导致的 DSR 低分，仲裁提起率，卖家责任率均不计入卖家服务等级 ODR 考核，不影响服务等级评级。

“AliExpress 无忧物流”与“线上发货”相比：

相同点

“AliExpress 无忧物流”的发货流程和“线上发货’类似，都是需要卖家在买家下

单后先创建物流订单，再通过上门揽收或自寄交货到国内集货仓

不同点

① “线上发货”服务卖家需要自行对比并选择具体的发货渠道，如新加坡邮政、中国邮政；“AliExpress 无忧物流”服务卖家无需选择发货渠道，由菜鸟智能分单系统选择最优物流方案。大大降低卖家使用门槛！

② “线上发货”服务需要卖家自行跟进后续的物流纠纷、物流商索赔等问题；“AliExpress 无忧物流”则是由平台承担物流服务，卖家无须再响应物流纠纷，也无需跟进物流商索赔，可以节省大量人工成本！

1.4　常用的订单跟踪查询网站

查寻跟踪号的网站此处只列举出大多数卖家最常使用的发货方式，方便各位读者直接查询，此处须特别推荐 17TRACK 综合性网站，可同时查询多个国家的邮政小包并且可将查询结果转换成收件国的语言，方便卖家直接截图或者复制文字信息后发给买家。

（1）邮政渠道类：

- 中邮小包：intmail.11185.cn
- 香港小包：app3.hongkongpost.com/CGI/mt/enquiry.jsp
- 新加坡小包：www.singpost.com/index.php

（2）快递类：

- DHL：www.dhl.com
- TNT：www.tnt.com
- FedEx：www.fedex.com
- UPS：www.ups.com
- 中邮 EMS：www.ems.com.cn/english.html

（3）通用查询网站：

- www.17track.net
- www.sao.cn

- www.kuaidi100.com
- www.91track.com

资料来源

UPU 万国邮政联盟官网 http://www.upu.int/en/the-upu/the-upu.html

全球速卖通卖家首页 http://seller.aliexpress.com/

全球速卖通卖家论坛 http://bbs.seller.aliexpress.com/bbs/

阿根廷出新规限制海外网购 每人每年限购 2 次不超 25 美元

http://gb.cri.cn/42071/2014/01/23/6071s4400750.htm

跨境电商坏消息：俄罗斯即将禁止收寄国际平邮小包

http://www.cifnews.com/Article/10637

第 2 章

物流模板设置

本章要点：

- 认识新手运费模板
- 新建运费模板

2.1 认识新手运费模板

卖家在发布产品时可以选择新手运费模板或自定义的运费模板，如果未编辑自定义模板，则只能选择新手运费模板才能进行发布。下面我们依次来了解一下新手运费模板，并学习如何“自定义模板”。登录店铺后台以后，在“产品管理”下面的“运费模板”进行设置，如图 2-1 所示。

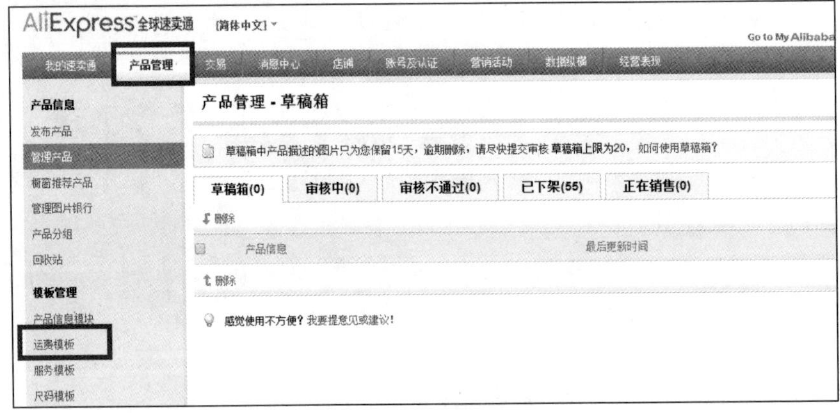

图 2-1　运费模板的设置

首先我们来了解一下新手运费模板，即后台显示的“Shipping Cost Template for New Sellers”，单击“模板名称”即可，如图 2-2 所示。

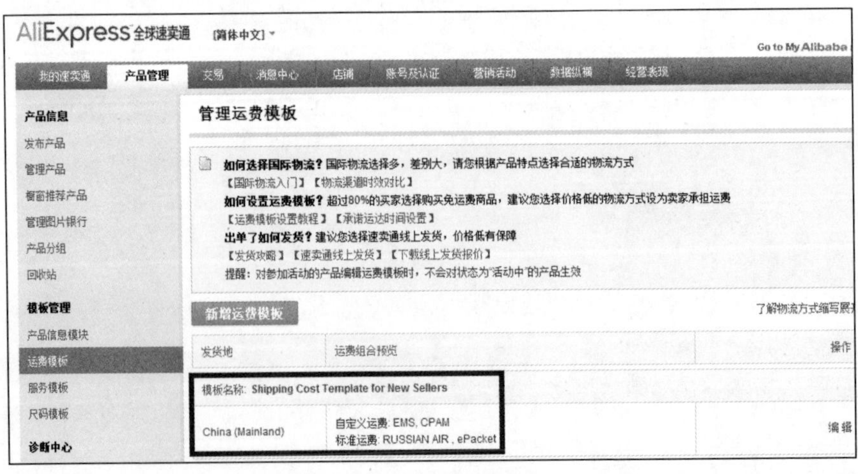

图 2-2　新手运费模板

单击“模板名称”以后可看到“运费组合”和“运达时间组合”，如图 2-3 所示：

在“运费组合”下平台默认的新手模板只包含了“China Post Registered Air Mail”、“Russian Air ”、“EMS”和“ePacket”，系统提供的标准运费为各大快递运输公司在中国大陆地区的公布价格，对应的减免折扣率则是根据目前平台与中国邮政洽谈的优惠折扣提供的参考。而平台显示的“其余国家”不发货包含了两重意思，一是部分国家不通邮或邮路不够理想，二是部分国家有更优的物流方式可选，如收件人在中邮小包不发货的国家，卖家可通过 EMS 发货。

从“运达时间组合”上看，“承诺运达时间”为平台判断包裹寄达该收件国大约需要的时间。

图 2-3　“运费组合”和“运达时间组合”

2.2　新建运费模板

对于大部分卖家而言，新手模板并不能满足需求，这种情况下就需要进行运费模板的自定义设置，设置入口有两个，一是直接单击“新增运费模板”（如图 2-4 所示），二是单击“编辑”新手运费模板（如图 2-5 所示）：

图 2-4　新增运费模板

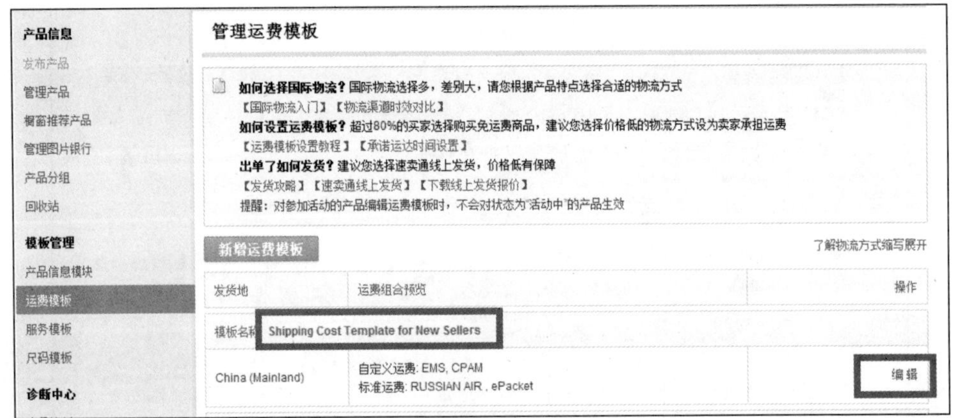

图 2-5　“编辑”新手运费模板

值得注意的是：新手运费模版不可修改后直接保存。如果修改，请记得输入模版名称，保存生成新的自定义运费模版。

单击“新增运费模板”进去后，除了输入运费模板的名称外，还需要单击“展开设置”（通过编辑“新手运费模板”进入的则无需此步骤），如需进行海外仓发货地权限设置则参考本书第 6 章海外仓基础知识部分会对相关运费模板设置进行详细说明，如图 2-6 所示。

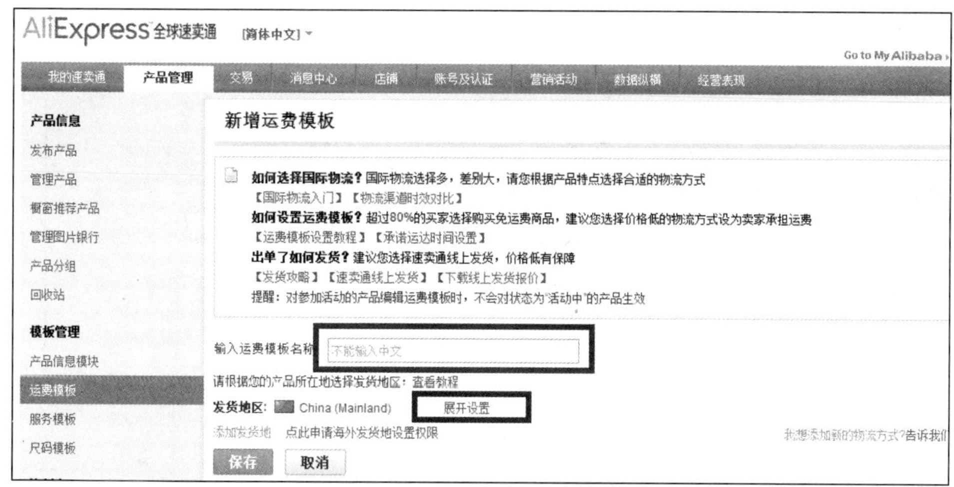

图 2-6　海外仓发货地权限设置

两种方式单击进去显示的界面不同，但都包含几个方面：选择物流类型，卖家可以选择使用自选物流还是使用 AliExpress 无忧物流（官方物流），如图 2-7 所示。

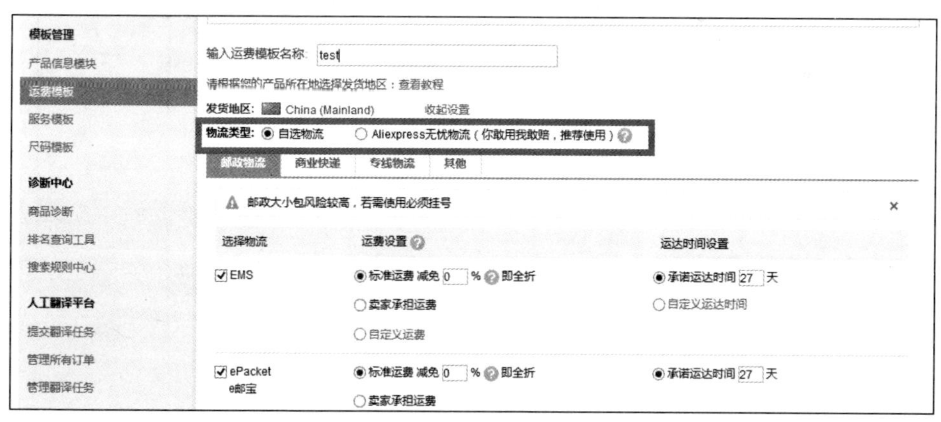

图 2-7　选择物流类型

当选择无忧物流时，一是可以查看时效承诺详情，二是可以自定义运费。当选择自选物流时，一是选择物流方式，包括邮政物流、商业快递、专线物流和其他自定义的物流方式，二是设置优惠折扣，三是个性化地选择寄达国家，四是个性化地设置承诺的运达时间，如图 2-8 所示。

图 2-8　自选物流设置

下面以 China Post Registered Air Mail（中国邮政挂号小包）的设置为例进行操作说明。

勾选该物流方式，如图 2-9 所示。

图 2-9　勾选物流方式

设置标准运费意味着对所有的国家均执行此优惠标准，如图 2-10 所示。

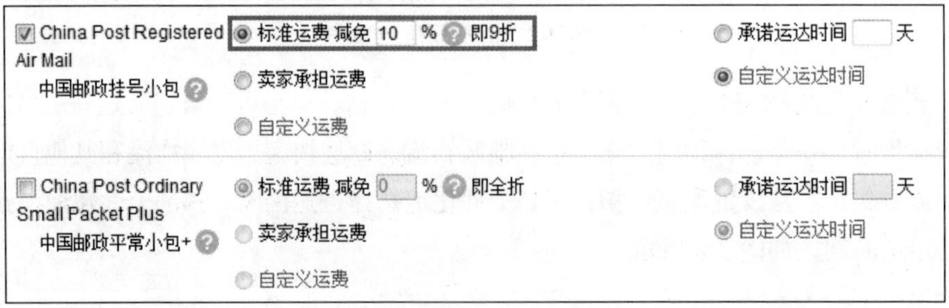

图 2-10　设置标准运费

如果需要对所有的国家均采取卖家承担邮费，即包邮（Free shipping）处理，则勾选“卖家承担运费”，如图 2-11 所示。

图 2-11　勾选“卖家承担运费”

如果卖家希望对所有的买家均承诺同样的运达时间，则需要勾选运达时间设置，并填写承诺天数，如图 2-12 所示。

China Post Registered Air Mail
中国邮政挂号小包
标准运费
卖家承担运费 Free Shipping
自定义运费
承诺运达时间 60 天
自定义运达时间
China Post Ordinary Small Packet Plus
中国邮政平常小包+
标准运费 减免 0 % 即全折
卖家承担运费
自定义运费
承诺运达时间 天
自定义运达时间

图 2-12　勾选运达时间设置

但是大部分时候，买家希望进行更细致的设置，则可以通过自定义运费和自定义运达时间来实现。

卖家只需单击“自定义运费”即可对运费进行个性化设置，设置的第一步是选择国家/地区，此处有两种选择方法，一是按照地区选择国家，二是按照区域选择国家，如图 2-13 所示。

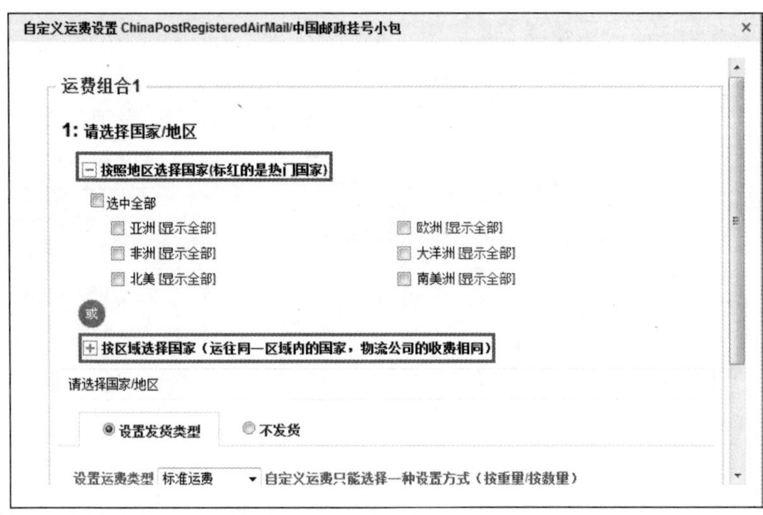

图 2-13　自定义运费设置

为便于说明，下面以对“黑山”和“阿根廷”两个国家采取不发货为例进行说明。此案例仅供学习操作参考使用，各卖家请根据自身实际情况进行操作。进入自定义运费设置界面后，操作步骤如下：

步骤一，选择国家，该步骤有两种方法：

方法一是按照地区选择国家，展开欧洲的国家名，如图 2-14 所示。

自定义运费设置 ChinaPostRegisteredAirMail/中国邮政挂号小包
运费组合1
1: 请选择国家/地区
按照地区选择国家(标红的是热门国家)
选中全部
亚洲 [显示全部]
非洲 [显示全部]
北美 [显示全部]
欧洲 [收起]
Albania 阿尔巴尼亚
Austria 奥地利
Belgium 比利时
Bulgaria 保加利亚
Belarus 白俄罗斯
Switzerland 瑞士
Czech Republic 捷克共和国
Germany 德国
Denmark 丹麦
Estonia 爱沙尼亚
Spain 西班牙
Finland 芬兰

图 2-14　按照地区选择国家

找到黑山，并勾选，如图 2-15 所示。

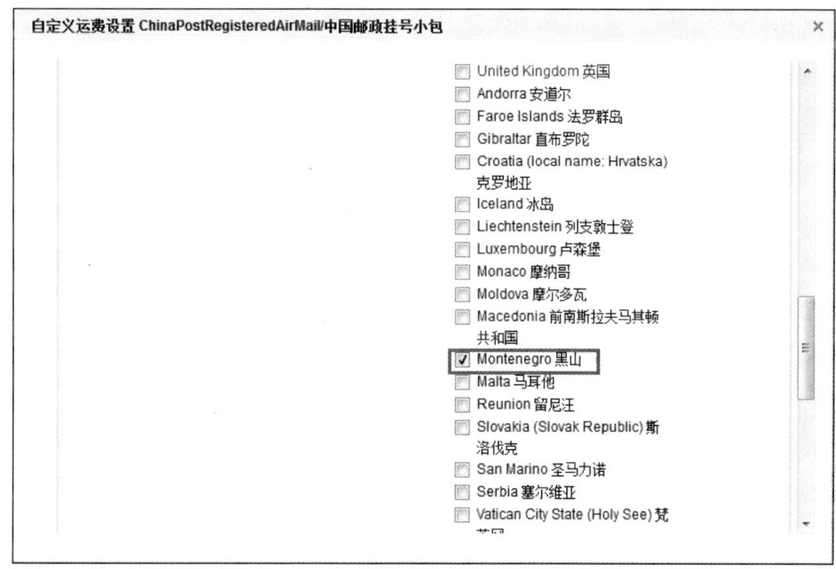

图 2-15　勾选欧洲国家

展开南美洲的选项，勾选阿根廷，如图 2-16 所示。

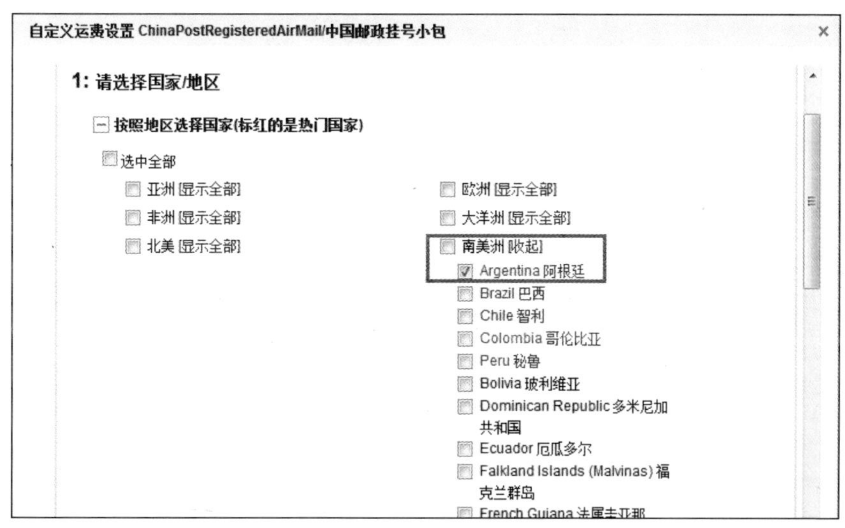

图 2-16　勾选南美洲国家

方法二是按照区域选择国家，仍然以黑山和阿根廷为例，则可在第 3 区找到黑山，第 4 区找到阿根廷，如图 2-17 和图 2-18 所示。

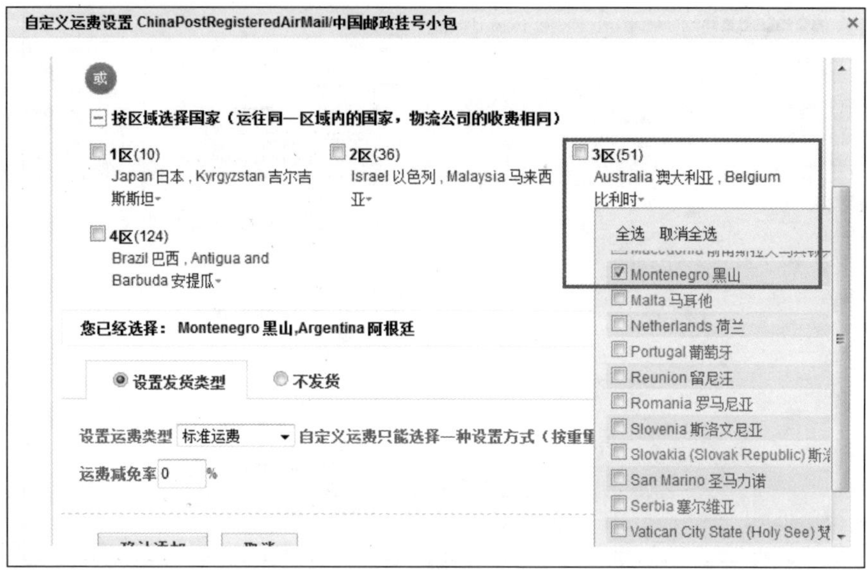

图 2-17　在 3 区选择国家

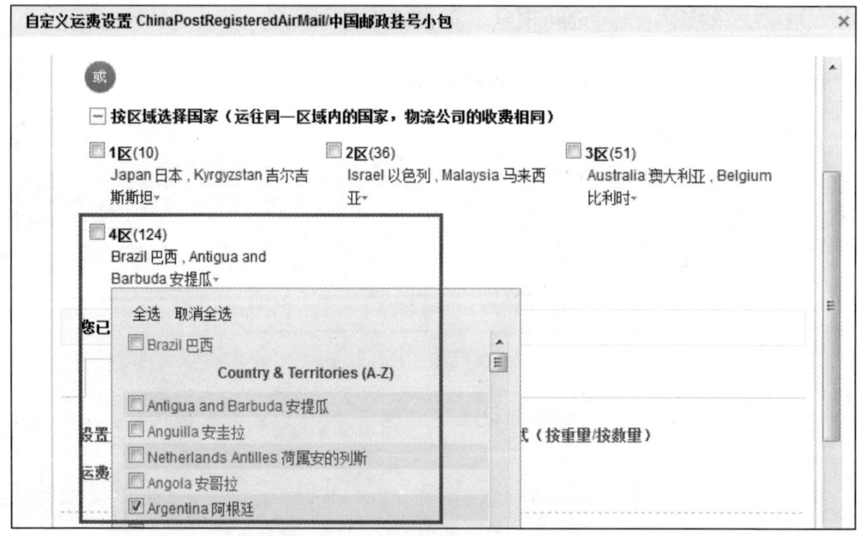

图 2-18　在 4 区选择国家

步骤二，对已选择的国家进行“不发货”操作；

步骤三，单击确认添加，如图 2-19 所示；

图 2-19　确认添加

步骤四，如需对更多的国家进行个性化设置则单击“增加一个运费组合”，如图 2-20 所示；

图 2-20　增加一个运费组合

然后进行相关的国家选取，再进行发货类型的设置。发货类型除了对选择的国家采取“不发货”操作外，还可对标准运费进行一定程度的折扣减免，如图 2-21 所示。

自定义运费设置 ChinaPostRegisteredAirMail/中国邮政挂号小包

选中全部
亚洲 [显示全部]
欧洲 [显示全部]
非洲 [显示全部]
大洋洲 [显示全部]
北美 [显示全部]
南美洲 [显示全部]
或
按区域选择国家（运往同一区域内的国家，物流公司的收费相同）
您已经选择：Albania 阿尔巴尼亚,Austria 奥地利,Belgium 比利时,Bulgaria 保加利...
设置发货类型
不发货
设置运费类型 标准运费
自定义运费只能选择一种设置方式（按重量/按数量）
运费减免率 10 %
确认添加
取消

图 2-21　“运费减免率”设置

也可采取“包邮”操作，如图 2-22 所示。

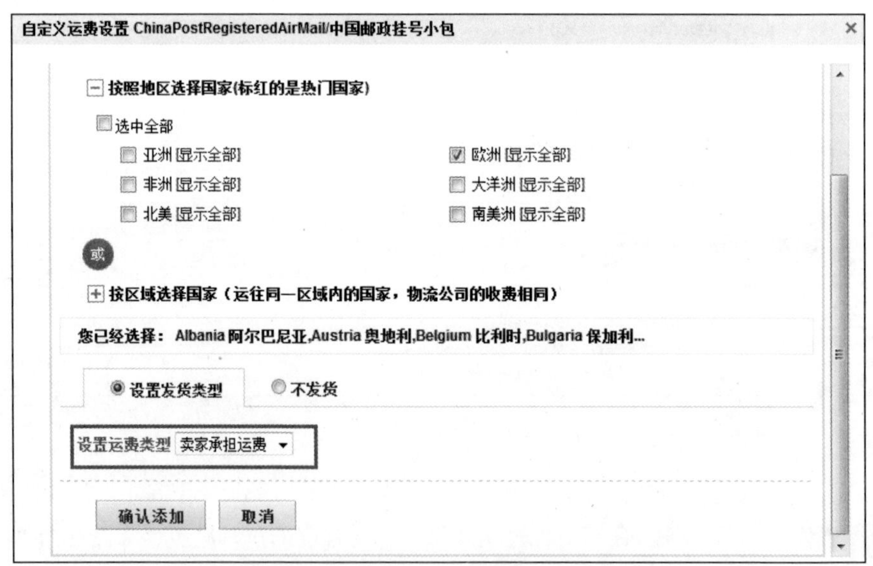

图 2-22　“卖家承担运费”设置

同时，还可对重量或数量进行自定义运费设置，如图 2-23 所示。

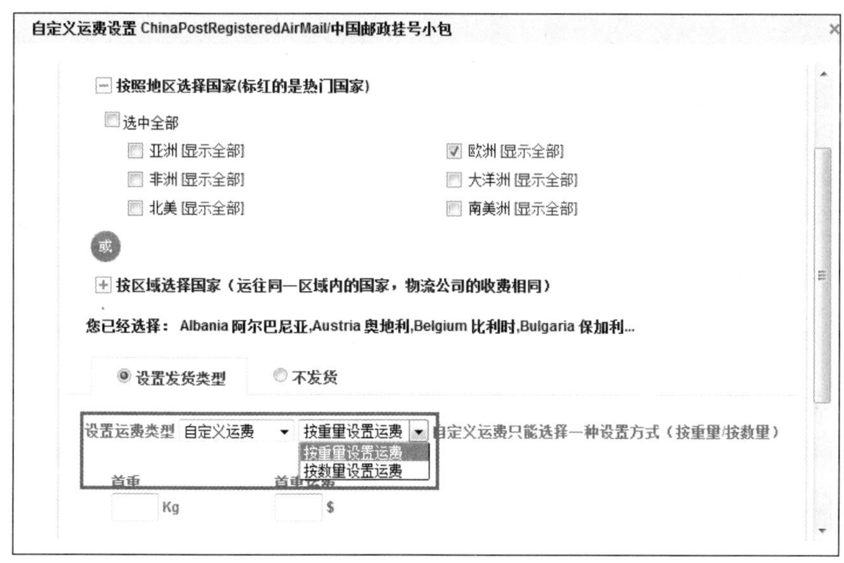

图 2-23　对重量或数量自定义运费设置

这里值得注意的是：按数量设置运费的运费模板一般运用在重量差不多的产品上。

步骤五，单击“确认添加”按钮，如图 2-24 所示：

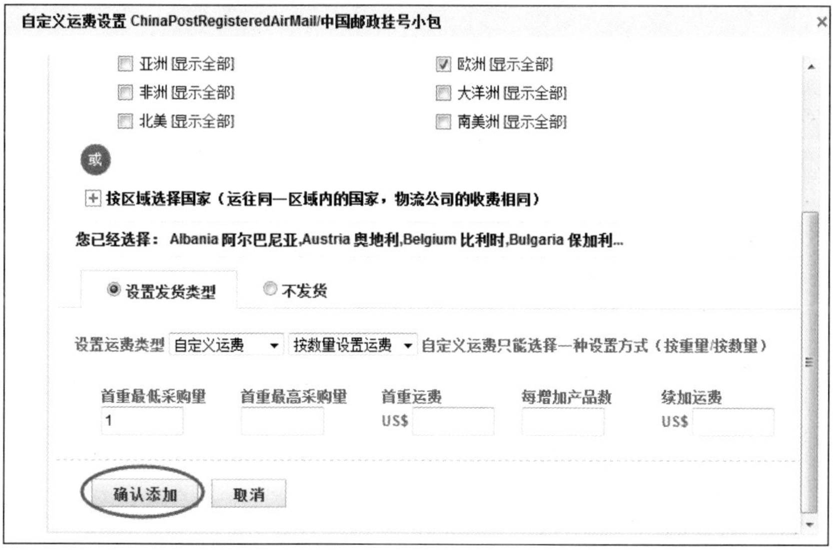

图 2-24　确认添加

步骤六，单击“保存”按钮，如图 2-25 所示：

自定义运费设置 ChinaPostRegisteredAirMail/中国邮政挂号小包 ×

1	Japan 日本,Kyrgyzstan 吉尔吉斯斯坦,North ...	卖家承担运费	编辑 删除
2	Montenegro 黑山,Argentina 阿根廷	对该国家/地区不发货	编辑 删除

添加一个运费组合

* 若买家不在我设定的运送国家或地区内

设置发货类型　不发货

设置运费类型 标准运费

运费减免率 0 %

保存

图 2-25　保存

以上是自定义运费的设置，下面进行自定义运达时间的设置说明。仍然以中邮小包的设置为例，为便于理解，我们以设置中邮小包“巴西 120 天，俄罗斯 90 天，其他国家 60 天”为例进行说明，此说明仅供学习操作步骤使用，请卖家根据自身实际情况进行设置。

步骤一，勾选所需的物流方式后，单击“自定义运达时间”，如图 2-26 所示：

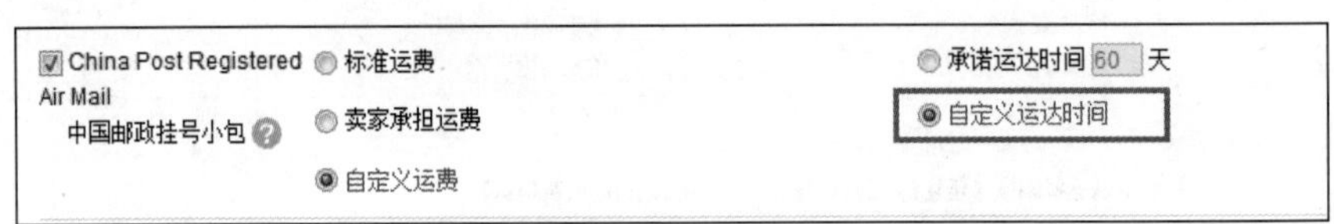

图 2-26　自定义运达时间

步骤二，对不同国家设置不同的承诺运达时间：

单击“自定义运达时间”后，卖家可以看到平台预设的承诺时间，如图 2-27 所示。

图 2-27　对不同国家设置不同的承诺运达时间

如果我们觉得在系统预设的三个运达时间组合的基础上进行修改比较麻烦，也可以将系统的三个运达时间组合进行删除后再进行自定义操作，如图 2-28 所示。

图 2-28　删除运达时间组合

删除后我们再进行自定义设置，除了按地区选择外，也可通过区域来选择，为了让读者对该页面更加了解，我们尝试使用按区域来选择国家，单击下图中的“+”号即可编辑，如图 2-29 所示。

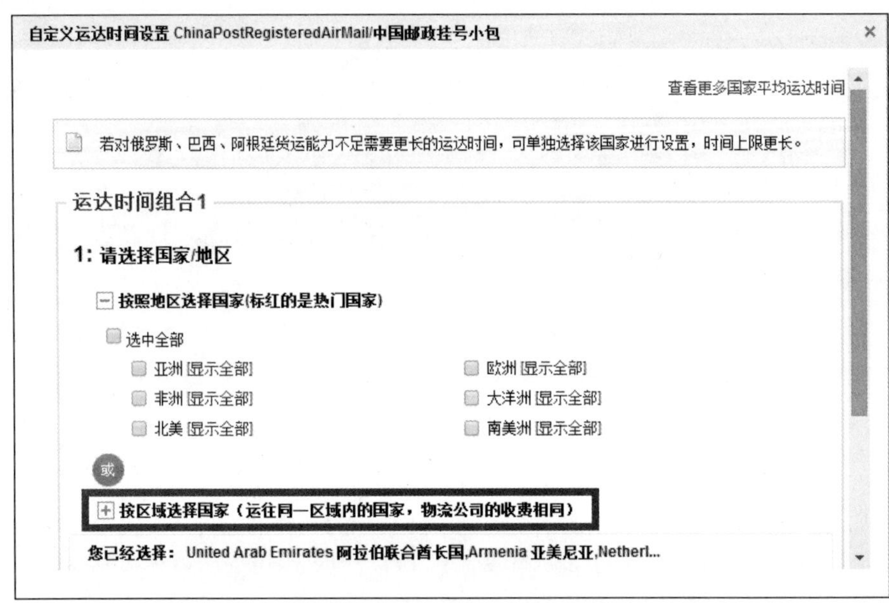

图 2-29　按区域来选择国家

单击按区域选择国家前的“+”后，我们可以看到总共有 10 个区可以设置（若卖家选择的是菜鸟无忧物流，则此处是 12 个区），如图 2-30 所示。

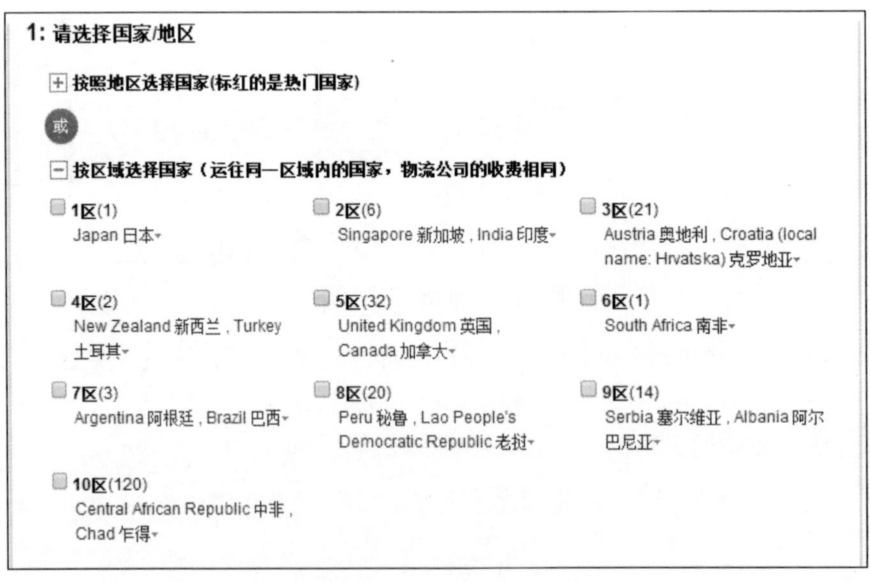

图 2-30　按区域选择国家

我们仍以“巴西 120 天，俄罗斯 90 天，其他国家 60 天”为例进行演示，由于此假设中巴西和俄罗斯两个国家是特例，因此我们可以采用“反选法”进行设置，先设置好巴西和俄罗斯两个国家，其余国家反选设置即可，设置步骤如下。

步骤一，找到 5 区，在“加拿大”旁边有个倒三角形符号，点击可打开下拉菜单，进而找到俄罗斯进行勾选，并单击“确认”按钮，如图 2-31 所示：

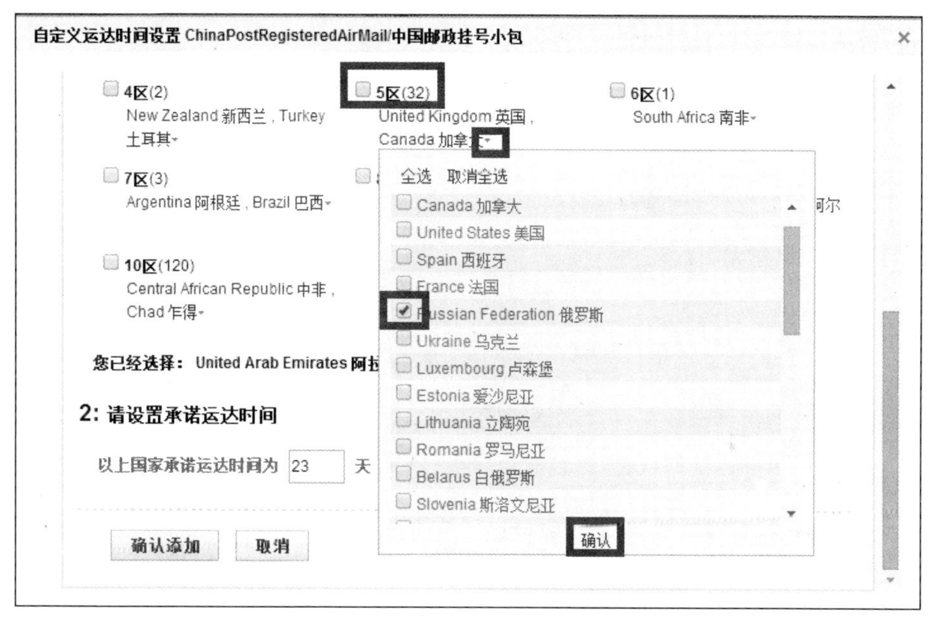

图 2-31　确认选择国家

步骤二，对所选择的国家进行承诺运达时间设置，假设我们将之设置为 90 天，并单击“确认添加”按钮，操作如图 2-32 所示：

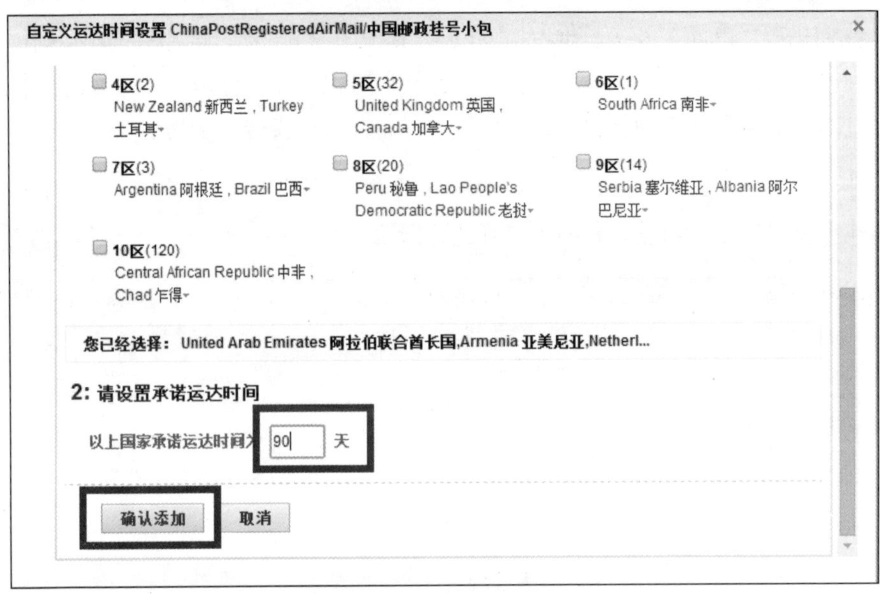

图 2-32　确认添加承诺运达时间

此时，我们已经产生了一个运达时间组合，根据假设，我们仍需对其他国家进行设置，单击“添加运达时间组合”，如图 2-33 所示。

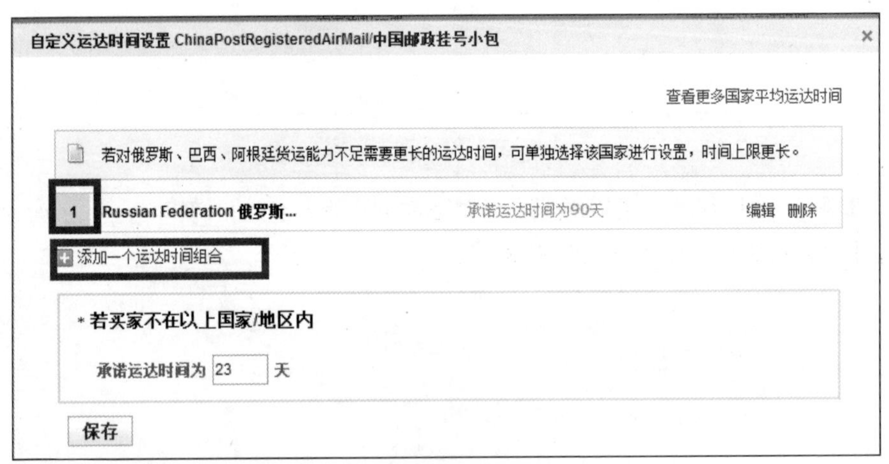

图 2-33　添加运达时间组合

同样的方法，我们在 7 区找到巴西进行勾选并确认，如图 2-34 所示。

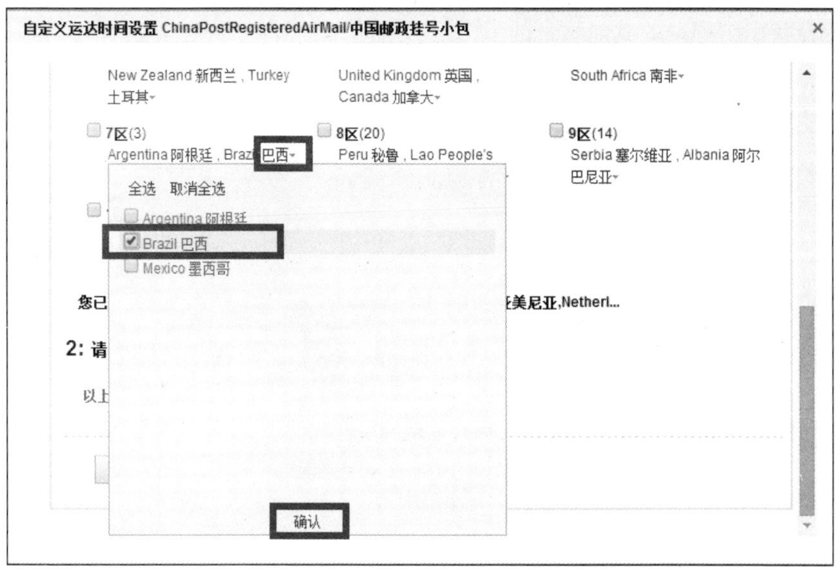

图 2-34　确认选择国家

步骤三，我们假设将承诺运达时间设置为 120 天，设置完后单击“确认添加”按钮，如图 2-35 所示：

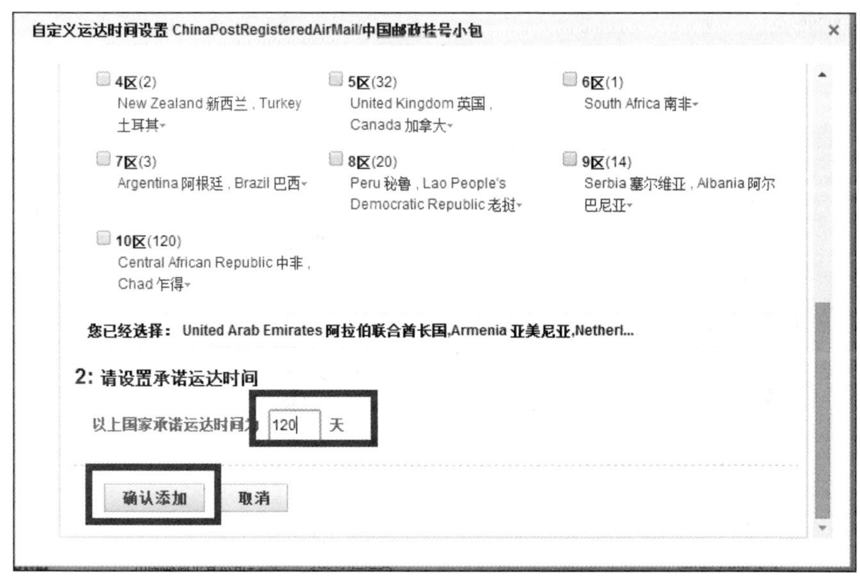

图 2-35　确认添加

现在我们把剩余的其他国家的承诺运达时间设置为 60 天，方法有两个：一是参考上面的方法将剩下的国家进行反选，并添加为一个运达时间组合，如图 2-36 所示为按地区反选剩余的国家；二是按区域反选剩余的国家，如图 2-37 所示。

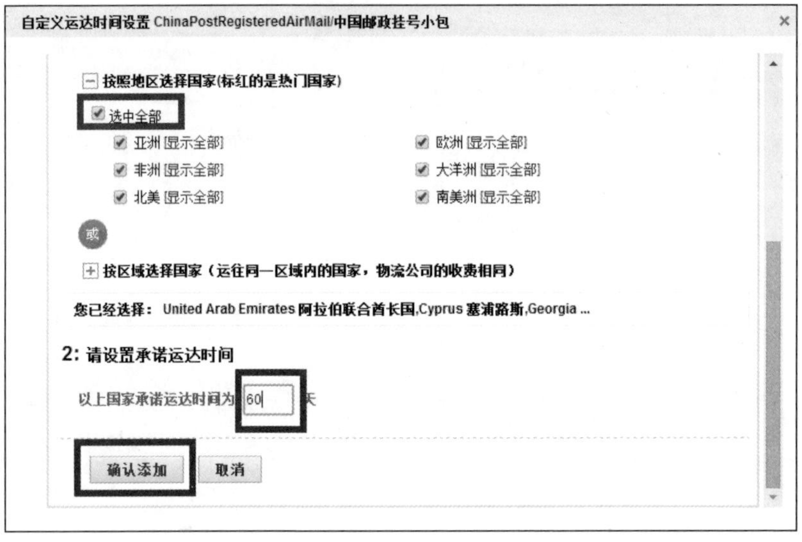

图 2-36　按地区反选剩余的国家

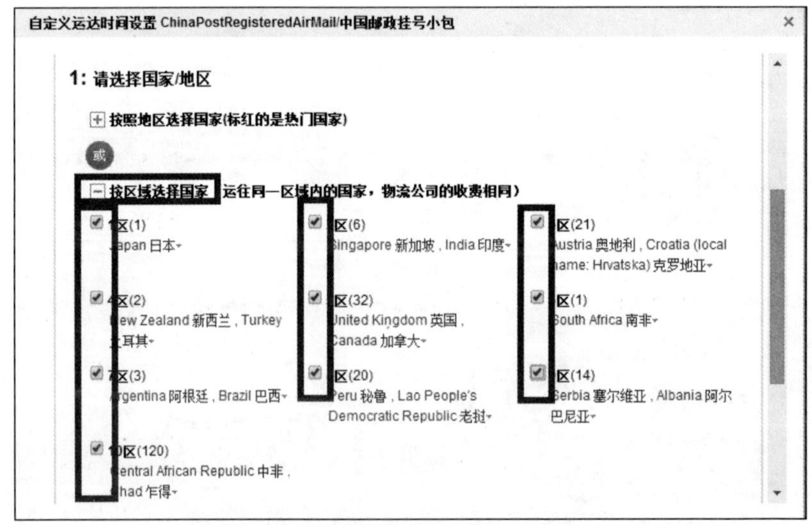

图 2-37　按区域反选剩余的国家

按照我们假设的操作，我们再将这些所选择的国家一并设置为 60 天，再单击“确认添加”按钮，如图 2-38 所示。

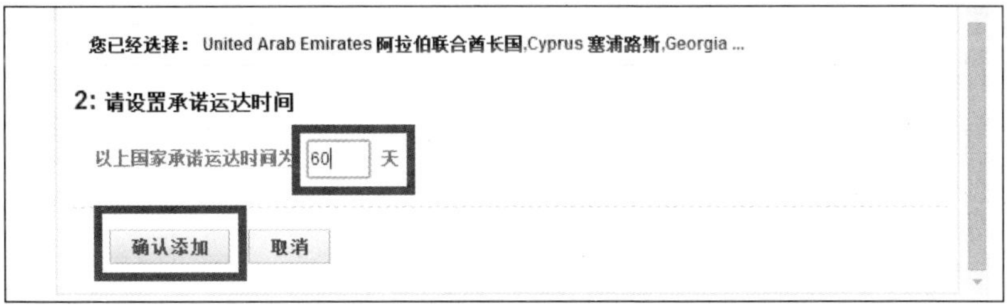

图 2-38　设置承诺运达时间

此外，后台还预设了更加简便的功能，在我们已经添加好俄罗斯和巴西两个组合后，只需将不在以上两个运达时间组合内的其他国家的承诺时间统一修改为 60 天即可，修改完后单击“保存”按钮，如图 2-39 所示。

图 2-39　统一修改其他国家的承诺运达时间

但是，我们知道承诺运达时间并非实际上包裹从发出到买家签收的时间，举例：我们对俄罗斯的承诺运达时间是 90 天，但有可能实际运达时间只有 25 天，而 25 天在承诺的 90 天范围内，因此是受平台保护的，对于承诺运达时间与纠纷的关系，会在系列丛书中的《阿里巴巴跨境电商客服宝典》中有详细的说明，这里就不赘述了。为了更好地保障卖家和买家的权益，笔者认为卖家应该在以下三个因素上寻求承诺运达时间设置的平衡点：第一是买家的购买感受，第二是邮路的实际情况，第三是卖家的自身利益（防止由于承诺运达时间过短，买家在订单到期前提起纠纷）。

步骤四，对我们已经设置好运费组合和运达时间的物流方式进行保存：

此时，我们假设的设置命题就已完成。但是请各位读者注意，每个自定义的运费模板均可能由多个物流方式组合而成，以上给大家举例的只是其中一种物流方式的设置，实际操作时可能逐步地对多个物流方式进行设置。因此，各位卖家朋友在针对某个物流方式设置完后均需要单击“保存”按钮。

另外，这里有个细节提醒各位读者注意，因为系统默认勾选了多种物流方式，若卖家不对勾选的物流方式进行个性化设置，或将已勾选的方式进行反向操作的话，会导致买家需要支付原价的物流成本才能下单购买，导致订单流失，影响订单转化，如图 2-40 所示。

图 2-40　原价的物流成本显示

折后价$14.28 包邮发中国邮政挂号小包的连衣裙，假设买家选择快递方式时看到物流成本接近衣服的两倍，买家一般情况下就不会下单了。该问题的产生正是由于卖家未对相应快递的运费折扣进行设置所产生的。所以，笔者提醒大家，我们要么对已经勾选了的物流方式进行设置，要么就不勾选该物流方式，如图 2-41 所示。

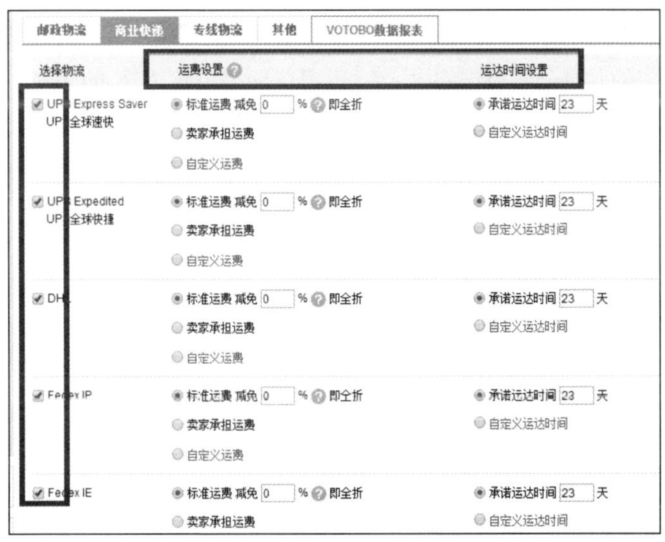

图 2-41　选择物流方式

对于已勾选的物流方式的设置，可参考上述的中国邮政挂号小包的设置方法进行操作即可，其原理是一致的。值得注意的是，当我们进行运费折扣设置时，通常会有困惑，设置什么折扣会比较合适，这里笔者提醒大家，如果你平时采用线下的方式把包裹交给物流货代公司的，则建议直接跟货代公司沟通，确定货代公司所给出的折扣再进行设置；如果你平时采用线上的方式把包裹通过国内快递交到菜鸟物流公司制定的集货仓的，则参考菜鸟公司给出的折扣，该折扣可粗略通过 My Aliexpress 中“交易”页面下的物流方案查询的方式获得，如图 2-42 所示。

图 2-42　物流方案查询

我们可以下载相关的运费报价资料进行了解，如果我们希望更加直观地了解到我们所关注的国家的具体物流方式的折扣，也可以通过物流方案查询进行了解。假设我们的买家大部分来自于美国，我们可以选择所要了解的物流方式，并将发货省份和寄达国家，以及包裹信息进行填写后，单击“试算运费”按钮，即可进行查询，如图 2-43 所示。

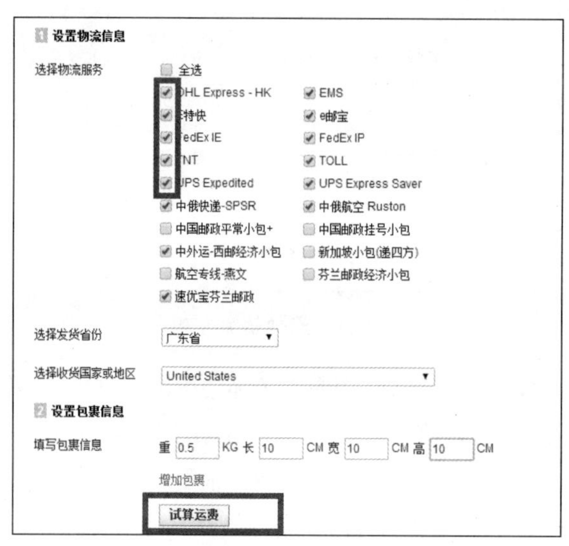

图 2-43　试算运费设置

在所显示的试算结果中我们能看到相应的物流方式对应的折扣，如图 2-44 所示。

方案查询结果

服务名称	参考运输时效	交货地点	试算运费	标准运费折扣
e邮宝	5-15天	交货到承运商	CN¥ 47.00	合约价
UPS Express Saver	3-7天	交货到深圳仓库	CN¥ 75.78	约标准运价2.1折
UPS Express Saver	3-7天	交货到上海仓库	CN¥ 76.78	约标准运价2.1折
UPS Expedited	3-7天	交货到深圳仓库	CN¥ 83.51	约标准运价2.1折
EMS	5-15天	交货到邮政速递仓库	CN¥ 85.00	约标准运价3.5折
UPS Expedited	3-7天	交货到上海仓库	CN¥ 85.01	约标准运价2.2折
FedEx IE	3-7天	交货到上海仓库	CN¥ 104.11	约标准运价3.5折
FedEx IE	3-7天	交货到深圳仓库	CN¥ 104.11	约标准运价3.5折
DHL Express - HK	3-7天	交货到深圳仓库	CN¥ 105.38	约标准运价2.8折

图 2-44　试算结果显示

当使用这种方法进行物流折扣设置的参考时，我们还需思考三个方面：一是假设你的物流模板中有一个或多个物流方式是可以包邮的，这种情况下，通常买家支付的订单费用中实际已经有部分是物流成本；二是如果你的订单最终不一定是完全只使用线上或线下方式进行发货的，则会导致卖家假设的物流折扣与实际发货时的物流折扣不一致；三是在上传产品时所填写的包裹信息跟买家支付的物流成本是关联的，假设卖家填写的包装信息（如图 2-45 所示）与实物包裹信息存在较大的差异时，会导致在非包邮的情况下，买家支付的物流成本和卖家支付给货代公司或菜鸟物流公司的物流费用也存在较大的差异。由于各个卖家的产品特征和惯用的物流方式均不一致，因此卖家需要从一段时间的实操经验中摸索经验，继而在风险控制、订单转化率和订单利润等几个因素中寻得一个平衡点。

2. 包装信息　合理填写包装信息，降低物流运费成本

* 产品包装后的重量：　公斤/件

自定义计重

* 产品包装后的尺寸：　长　x　宽　x　高　(单位：厘米,每件/个 0 cm3)

图 2-45　填写包装信息

最后，值得一提的是卖家必须根据自身的实际情况进行自定义运费的设置，切忌盲目模仿他人。因为国际物流受国家政策、物流资费调整、极端天气、政治原因、邮路状况等多种客观因素的影响，以及卖家所经营的产品特征和各种物流方式存在的差异等因素影响，不同的时期，卖家应该设置不同的运费模板；不同的产品特征（如重量、是否带电、是否为限寄产品）也要设置不同的运费模板。

第 3 章

国际物流发运流程

本章要点：

- 国际物流包装
- 速卖通发货处理
- 物流网规介绍

国际物流的发运和国内物流截然不同，二者有着本质上的区别。本章将从包装材料开始引入，详细介绍各种包装材料以及常见的包裹，再介绍速卖通平台常用线上、线下发运方式，最后介绍常见物流网规以及对账号可能产生的影响。

3.1　国际物流包装

3.1.1　包装材料介绍

跨境电商平台交易订单金额小，订单分散化的特征，适合跨境电商的国际物流以快递类发货方式居多，多数是按 g 或者 0.5kg 为单位进行计费的，国际物流的成本直接影响商品的价格竞争优势，所以如何控制包装成本就非常重要了，既要把重量控制下来，又要让包裹里的产品在跨越重洋的运输途中不受到损坏。

国际物流常见的包装材料主要有：气泡信封、气泡膜、瓦楞纸箱、胶纸、包装袋、快递袋、珍珠棉、泡沫箱、气柱袋、木架。其中，气泡信封和胶纸是最常用也是必不可少的包装材料。接下来我们分别介绍，并告之读者如何挑选适合自己的材料，把总体物流成本控制下来。

1．气泡信封

气泡信封不同于一般的信封，它是专门为跨境电商货物运输特性而研发出来的一种轻便型包装材料。一般的气泡信封有两层，外层是白色、黄色或者棕色牛皮纸，内层是附粘在外层牛皮纸内壁上的一层气泡膜。气泡信封同时自带封口胶，使用非常方便。也有部分气泡信封把常见的小包邮政 CN22 报关签条印刷在背面，目的是为了节约贴报关签条的时间和节省一点点重量。

也有部分定制的气泡信封，定制主要表现在整个信封只有一层，即用不透明高强度气泡膜直接做成信封，同时印刷上商家的 LOGO 或者网址，这样显得高档、大气，同时也为商家提供了很好的广告效益。

普通气泡信封示例，如图 3-1 所示：

图 3-1　普通气泡信封

一般的货代公司都可以提供气泡信封，但不同的货代公司提供的气泡信封规格不一样，规格不一样售价也就不一样。普遍把气泡信封从小到大分为 6 种大小，或者 7 种大小，叫一号、二号、三号、四号、五号、六号、七号，分别用在包装不同产品上。为什么没有更大的气泡信封？不是做不出来，而是如果做得更大就很可能超过了气泡信封材料本身所能承受的最大重量，容易破损，不利于保护产品。对于那种用最大号气泡信封仍然装不进的产品我们建议装纸箱，因为纸箱强度大、结实。

不同规格大小的气泡信封示例，如图 3-2 所示：

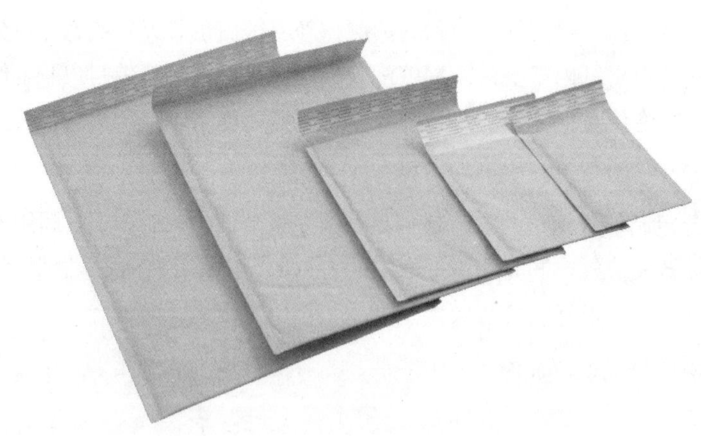

图 3-2　不同规格大小的气泡信封

2．气泡膜

如果说气泡信封是发小件必不可少的，那么气泡膜就是发大件不可或缺的。

气泡膜本身是一种双层塑料膜，可以单层做成气泡，也可以双层都做成气泡，这样就把气泡膜划分成单层气泡膜和双层气泡膜。根据气泡直径的大小，又可以分为小颗粒气泡膜和大颗粒气泡膜。根据气泡膜用料又可以分为全新料气泡膜和再生料气泡膜，全新料气泡膜表面光滑、透明、有质感，价格稍高；再生料气泡膜表面稍显粗糙、透明度和质感稍差，但价格较便宜。从以往包装经验上来看，结合客户体验，我们推荐使用全新料气泡膜，一来气泡膜质量较好可以更好保护产品，二来客户收到之后感觉会更好一点。

气泡膜的售卖按公斤计费，或者按宽度和长度计费，论卷卖，大家可以根据自身产品打包的实际情况来采购气泡膜。

普通气泡膜成卷采购，如图 3-3 所示：

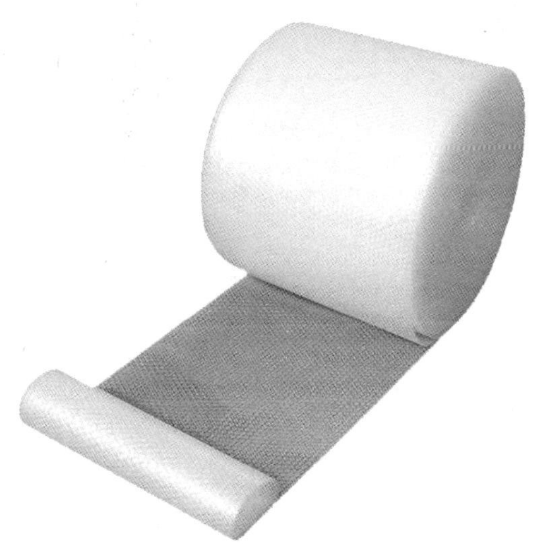

图 3-3　普通气泡膜卷

3．瓦楞纸箱

纸箱，学名瓦楞纸箱，按隔层数量一般可分为三层、五层或者七层，比较常见的是三层和五层的纸箱。按纸皮强度又分为高强度纸箱和一般强度纸箱，我们发货比较常用的是一般强度纸箱，便宜、比较容易切割。

瓦楞纸箱并没有固定的大小规格，不同的公司会定制不同的系列，比如各地邮政会定制不同系列的邮政纸箱。而纸箱生产厂商也往往会根据市场热销品来专门为其量身定制合适的纸箱，比如刚好装进一台某型号平板电脑的纸箱、刚好装进某型号手机的纸箱。定制纸箱的优势是形状大小正合适、可以最大程度减少体积重、方便打包。

因为各种产品规格大小不一，而且各种规格的纸箱也不能很完美地适配每一个产品，所以，用纸箱打包的过程当中不可避免地会用到美工刀切割纸箱。一来是为了压缩体积重，二来是为了不让纸箱里面装的物件晃动、避免国际运输途中的损失。

普通纸箱如图 3-4 所示：

图 3-4　普通纸箱

4．胶纸

胶纸，又叫胶带、透明胶，是平时打包使用量最大的包装材料。如果没有胶纸，出货的工作就没有办法正常进行。胶纸一般分为透明胶纸、黄色胶纸、印刷胶纸（即印刷上提示语或者品牌 LOGO）、特殊胶纸（如超市生鲜经常用的绿色胶纸）。市场上的胶纸又分为宽窄两种规格，可分别适用于不同环境。同时，市场上的胶纸由于生产工艺的不同厚度也有所不同，一般采购得到的是中等厚度的胶纸，而超薄胶纸往往用在对重量极为敏感的产品上，超薄胶纸较为少见。

基于跨境电商需要通关的特殊性考虑，同时又基于尊重普遍目的国宗教信仰、风俗文化的因素考虑，推荐使用透明胶纸和黄色胶纸。这两种常见胶纸可以单独按卷采购，也可以按条采购（一条五卷），也可以按箱采购，或者大批量采购。

透明胶纸主要用在这些场景：

（1）气泡信封用自带封口胶封口之后，再用透明胶纸覆盖一层（可以让客户在收到件的时候检查出来这一票货是否被拆开过）；

（2）透明胶纸覆盖普通打印机打印出来的地址标签；

（3）透明胶纸覆盖手工贴到包裹上的挂号条码；

（4）透明胶纸覆盖部分小包的报关签条（比如香港小包的绿色不自粘报关签条）；

（5）透明胶纸覆盖外箱客户标记（部分客户会要求把自己的标记用记号笔写在外箱上，用透明胶纸覆盖一层可起到防雨的作用）。

透明胶纸使用注意事项：

（1）用透明胶纸覆盖挂号条码时一定要平整，避免中间留下气泡影响扫描枪扫描结果；

（2）打包外纸箱时，一般情况下不使用透明胶纸，除非纸箱非常规整（干净无 LOGO 或者只带物流公司的 LOGO）。

透明胶纸如图 3-5 所示：

图 3-5　透明胶纸

黄色胶纸主要用在这些场景：

（1）部分产品用气泡膜包裹两层之后就可以直接发货，此时应再用黄色胶纸整体覆盖一圈，一是可以防水，二是增加强度；

（2）黄色胶纸覆盖普通纸箱外包装（主要作用是防水）；

（3）黄色胶纸覆盖切割过后的纸箱的外包装（既防水，又增加强度）；

（4）黄色胶纸覆盖重复利用的纸箱的外包装（遮住原先纸箱外面可能存在的LOGO、防水、增加强度）。

黄色胶纸使用注意事项：

（1）黄色胶纸一般不用在对气泡信封封口上；

（2）用黄色胶纸打包时应避免覆盖如地址标签之类的重要信息。

黄色胶纸如图 3-6 所示：

图 3-6　黄色胶纸

5. 包装袋

包装袋是指带封口胶的塑料袋，在跨境物流上可以用于直接包装衣服之类不用担心被压、被摔的产品，也可以用于包裹气柱袋等。

包装袋有大有小，不同规格的包装袋价格也不一样。包装袋的特点是防水、防划伤，能够较好地保护内装产品。需要注意的是在包装袋表面所贴的各类标签一定要注意贴平整，如果在贴标签的时候包装袋表面留有内陷空隙，则很可能会在运输过程中因包装袋扯动变形而导致标签被撕破。

包装袋如图 3-7 所示：

图 3-7　包装袋

6．快递袋

快递袋是指物流公司提供的带有物流公司 LOGO 的包装袋，快递袋较包装袋做工更为精良，而且快递袋的背面通常都有一个层叠式的不封口塑料袋，用于装形式发票。快递袋的规格比较少，通常只有大小两种规格，而且，一般情况下装快递袋的包裹不计体积重（这一点需与当地快递公司确认）。

快递袋包装注意事项：一般物流公司都不允许折叠快递袋，只允许在封口处直接封口而不需要考虑剩余空间以及内件是否会晃动。一是为了提高作业效率，二是为了避免因折叠而丢失形式发票。

快递袋如图 3-8 所示（以 DHL 快递袋为例）：

图 3-8　快递袋

7. 珍珠棉

珍珠棉是近年来兴起的一种新的包装材料，主要用于在部分场合替代气泡膜。

珍珠棉的特点是：轻、容易切割、不会像气泡膜那样因为气泡破裂而失去保护作用。

珍珠棉一般按卷采购，采购回来之后根据实际需要切割成不同大小，以方便打包。

珍珠棉的缺点也很显而易见，因为有一定的强度和韧性，所以不能像气泡膜那样严丝合缝地包住产品，这一点需要打包操作时注意，避免让产品的关键部位缺失保护。

珍珠棉如图 3-9 所示：

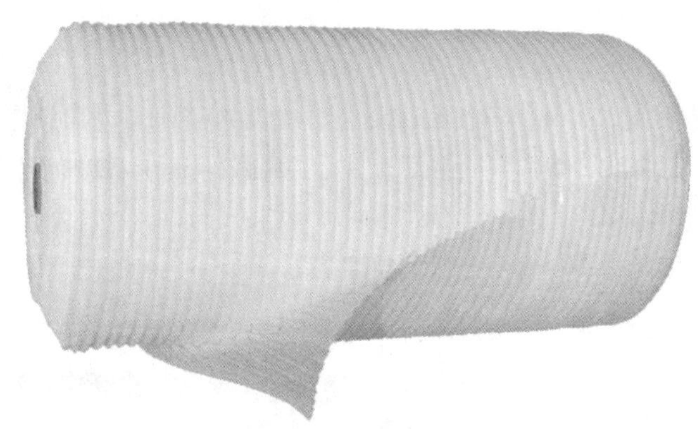

图 3-9　珍珠棉

8. 泡沫箱

泡沫箱是不常用的包装材料，但却是 3C 类电子产品必不可少的，主要用于包装手机、昂贵手表、钢化玻璃膜等带屏幕或者极易受到外力碰撞影响的产品。

跨境电商用的泡沫箱一般是指小泡沫箱，比如长宽高都小于等于 20cm 的泡沫箱。这类泡沫箱质地很轻，却非常坚硬，通常由两部分组成，矩形的箱体和带有内凸起的箱盖。

泡沫箱的箱壁厚度大约在 0.5cm 到 1cm 之间，放进泡沫箱的产品需要辅以适当的填充（比如气泡膜或者珍珠棉）来避免产品在箱内晃动。

产品放进泡沫箱之后还需要用黄色胶纸覆盖泡沫箱，或者再套一层包装袋，然后再在最外层贴条码和地址标签等物料。

用泡沫箱打包虽然麻烦，但是基本可以保证产品放进去是什么样子客户收到的时候就是什么样子。所以，带屏幕和贵重产品发货可以优先选择泡沫箱。

泡沫箱如图 3-10 所示：

图 3-10　泡沫箱

9．气柱袋

气柱袋是发运带大屏幕电子产品的必备材料，需要配合充气机或者打气筒使用。

气柱袋的原始形态是一个一体化的扁平塑料，充气之后就会变成一个中间是空的、周围有若干个独立气柱、底部密封、上端开口的特殊气囊。

气柱袋这种若干独立气柱半包围的结构可以很好地弥补气泡膜强度不够、气泡容易破裂等缺陷，尤其适用于平板电脑、手机、GPS 导航仪等带屏幕的产品。

气柱袋使用注意事项：

（1）不要充气过量，容易充爆或者让气柱袋接近破裂的临界点；

（2）不要往气柱袋里面装尖锐的物件，容易引起气柱破裂；

（3）气柱袋外面需要套一层包装袋。

气柱袋如图 3-11 所示：

图 3-11　气柱袋

10．木架

木架是一种极为少用的打包方式，主要用在陶瓷制品、竹木制品的外包装上，木架也常见于海运。

木架包装并不是说一开始就有一个刚好合适对应纸箱的木架子让我们使用，而是在发现用了高强度纸箱之后仍然不足以保护纸箱里面所装载的产品时我们需要用若干根木条分别对纸箱各条边进行包围加固处理（部分大纸箱还需要对纸箱各面的中间加固）。

打木架的好处是显而易见的，由木架来承受压力，纸箱内部的陶瓷或者竹木制品几乎不会受到什么外力，最大程度上保护了产品。但是，由于各国海关对原木进口的管制，使用原木木架的包裹（海运，空运，快递等）都需要提供木架的熏蒸证书。

但是，打木架是一项技术活，并不像割纸箱那样简单容易上手，最好是专门的人来操作。要是我们自己打不好的话，各种批发市场出售纸箱的档口附近一般有专门帮忙打木架的服务，通常以 m 为单位来收取费用。

打好木架的包装如图 3-12 所示：

图 3-12　木架

3.1.2　常用物料介绍

常用物料是指在配单、打包过程中除了常用包装材料以外所经常使用到的一些条码、标签、单据等资料。我们每一位跨境电商从业人员都必须对常用物料有所了解，哪怕不是仓库操作人员，也要做到认识它们、知道它们用在什么地方。

而作为仓库操作人员就更要注意妥善保管陈列所需常用物料，争取提高取放物料的工作效率、提前制订物料需求，以及考虑怎样批量填写部分资料等。

1．挂号条码

挂号条码是指邮政小包所使用的跟踪号，英文叫 Tracking Number，分为粘贴的和打印的两种情况。一般我们个人去邮局寄国际挂号小包就会用到粘贴的挂号条码，而我们通过部分后台系统与邮局直接对接的货代公司发货则可以生成打印的挂号条码。

挂号条码通常是 13 位，第一二位是字母，第一位往往是 R，第二位则不固定，从第三位到第十一位是数字，最后两位是发件邮局所在国家或地区的缩写。

例如：

RA123456789CN，表示这是中国邮政的挂号小包；

RB123456789HK，表示这是香港邮政的挂号小包；

RQ123456789SG，表示这是新加坡邮政的挂号小包。

中国邮政挂号条码如图 3-13 所示：

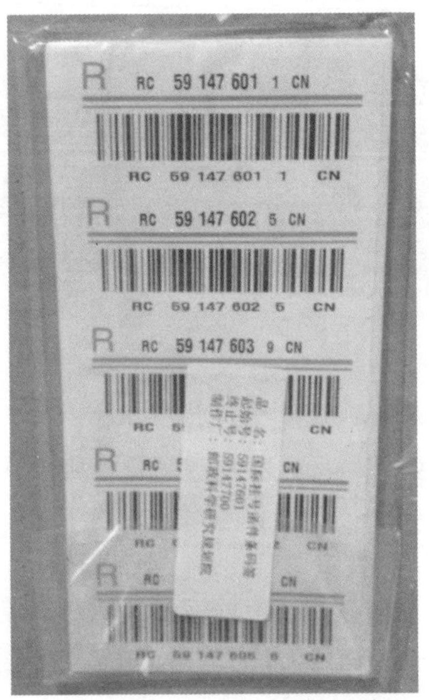

图 3-13　中国邮政挂号条码

香港邮政挂号条码如图 3-14 所示：

图 3-14　香港邮政挂号条码

挂号条码使用的注意事项：

（1）最好在挂号条码上覆盖一层透明胶纸，防止雨水浸湿影响邮局扫描操作；

（2）在挂号条码上覆盖透明胶纸时需要注意中间不要留有气泡，否则会影响扫描；

（3）挂号条码是稀缺的一次性资源，请不要随意浪费；

（4）一般情况下，挂号条码一经扫描上网，就算后续退回给了发件人，也不能再次使用。

2．报关签条

报关签条又叫报关单，是给发件国和目的国海关看的有关包裹内件物品详情的申报。目前通用的报关签条采用 CN22 格式，CN22 格式规定了报关签条包括的项目主要有：内件物品类型、物品详情（物品名）、物品数量、物品价值、签名等。

不同发件邮局所提供的报关签条颜色和具体款式有所不同，例如中国邮政提供的是白色自粘性的报关签条，而香港邮局提供的则是绿色无粘性的报关签条。

报关签条也可以按规定格式打印出来直接贴在包裹上使用，也有部分气泡信封直接把 CN22 格式的报关签条印刷在了背面，这样可以极大程度上减少贴报关签条的工作。

中国邮政报关签条如图 3-15 所示：

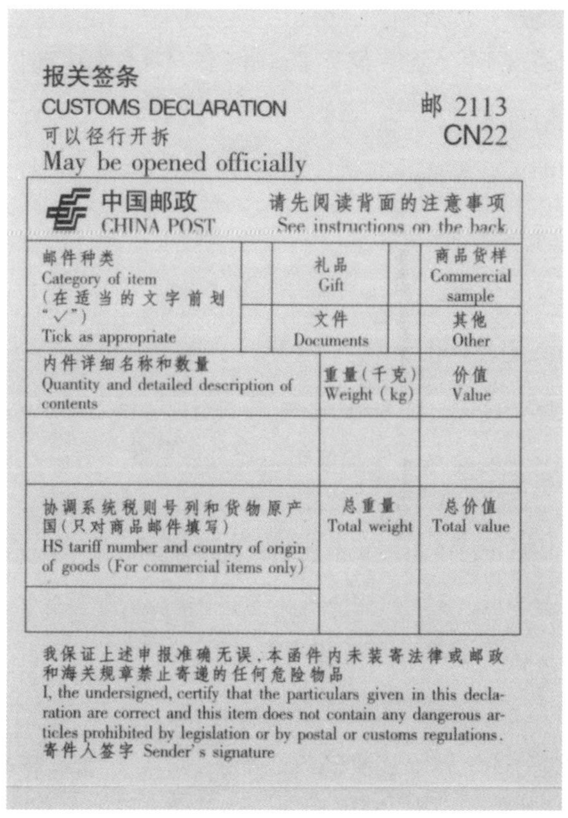

报关签条
CUSTOMS DECLARATION　　邮 2113
可以径行开拆　　CN22
May be opened officially

中国邮政 CHINA POST　　请先阅读背面的注意事项 See instructions on the back

邮件种类 Category of item（在适当的文字前划"✓"）Tick as appropriate		礼品 Gift		商品货样 Commercial sample
		文件 Documents		其他 Other

内件详细名称和数量 Quantity and detailed description of contents	重量（千克）Weight（kg）	价值 Value
协调系统税则号列和货物原产国（只对商品邮件填写）HS tariff number and country of origin of goods (For commercial items only)	总重量 Total weight	总价值 Total value

我保证上述申报准确无误，本函件内未装寄法律或邮政和海关规章禁止寄递的任何危险物品
I, the undersigned, certify that the particulars given in this declaration are correct and this item does not contain any dangerous articles prohibited by legislation or by postal or customs regulations.
寄件人签字 Sender's signature

图 3-15　中国邮政报关签条

3．航空标签

航空标签用于指示这个包裹是航空件，是一个航空包裹不可少的一个部分，也可以印刷在气泡信封上。我们日常仓库操作过程中不需要过多关注航空标签，因为要么就是气泡信封上直接印着有，要么就是集成化地在一张标签纸上印刷了航空标签，实在没有贴的话到了货代公司那里货代公司也会帮忙贴的。

我们要做的只是要认识航空标签，知道它的作用和出现的场合即可。

4．回邮地址

回邮地址适用于因无法派送而从国外退件回来的情形，不同发件邮局的回邮地址不一样，如果我们个人去邮局发小包，那么贴的就是当地邮局提供的回邮地址；如果我们通过货代公司发货，那么贴的就是带有货代公司标志的回邮地址，比如货代公司在香港的操作点或者新加坡的操作点之类的。

回邮地址一般情况下用不到，但是碰到如下情况则会发挥重大作用：

（1）联系不上收件人；

（2）收件人留的不是全名；

（3）收件人地址不详而无法派送；

（4）收件人地址是错的；

（5）被目的国海关查验退回。

因为万国邮政联盟的成员国家和地区邮政渠道退件回发件国家或地区是免费的，一旦发生上述情况则邮政系统会按照回邮地址进行退货，所以回邮地址不能随便乱贴，更不能不贴，这是我们发货人的权益。

小贴士：现在邮政小包已经逐步更新为一体化面单，所以上述手工贴挂号条码和报关签条的情况已不多见，我们只需要明白包裹上需要有哪些标签体现即可。有关一体化面单，详见3.1.4中国邮政挂号小包内容。

5．EMS面单

我们通常能发的EMS包括中国EMS、香港EMS、新加坡EMS，但平时能够接触得较多的是中国EMS，以中国EMS为例，EMS面单是集成了发件人、收件人、报关信息、跟踪号为一体的面单，可以手写也可以打印。面单左边是发件人信息、右边是收件人信息、左下是申报详情、右上是跟踪号，所有信息一目了然。

注意：

（1）EMS 面单如果用手写，一定要注意字迹清晰工整；

（2）EMS 面单如果要打印的话，必须使用针式打印机。

中国 EMS 面单如图 3-16 所示：

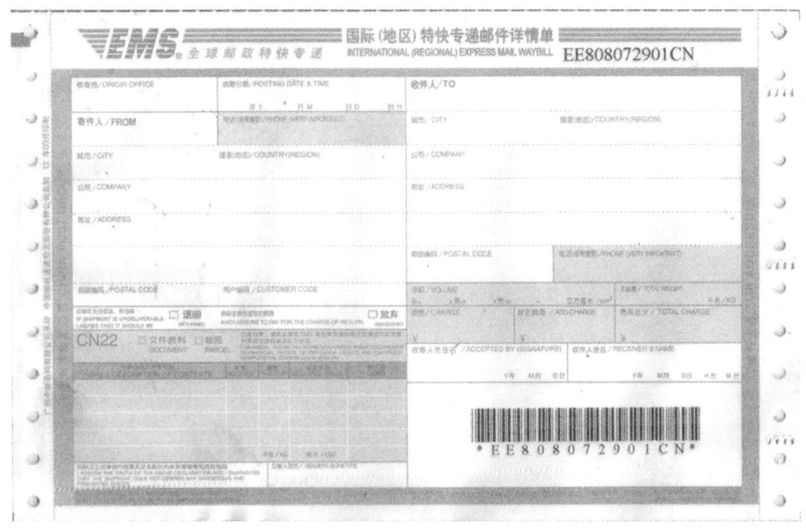

图 3-16　中国 EMS 面单

6. 快递面单

快递面单，又叫快递底单，和 EMS 面单类似也有发件人、收件人、报关信息等内容，但快递面单上的条码不叫跟踪号，叫参考单号，又叫原单号。快递面单上的参考单号不能直接用来查询跟踪信息，所以，我们在填写发运单号的时候不要填这个参考单号，而要填货代公司或者物流公司提供过来的转单号。

有关转单号的由来：

转单号并不是一个特定意义的单号，而是一个辗转生成跟踪号的行为，与转单号对应的是直接生成跟踪号。

当货代公司的系统和快递公司（比如 DHL）直接对接的时候，我们发完货之后得到的就直接是跟踪号。

但并不是每一家货代公司都有这么高权限的，或者说不是每一家货代公司都有这样的实力可以直接和快递公司对接。当然，也有一部分特殊渠道不能直接得到跟踪号。

对于这些实力并不很强或者说有着特殊渠道的货代公司，他们不能或者不方便直接生成快递跟踪号，所以就需要客户发货的时候填写快递面单。

待这些货代公司通过他们的下家货代从快递公司拿到最终跟踪号之后，再把跟踪号和客户填写的快递面单对应起来，再告诉客户最终的跟踪号，这个转换的过程就叫“转单号”。

那是不是快递面单就完全没用了呢？不是。快递面单上的条码可以作为参考单号在快递公司网站上进行跟踪查询，同时快递面单作为发货底单，是一种发货证明，可以在必要的时候提供给平台作为证据。

DHL 快递面单如图 3-17 所示：

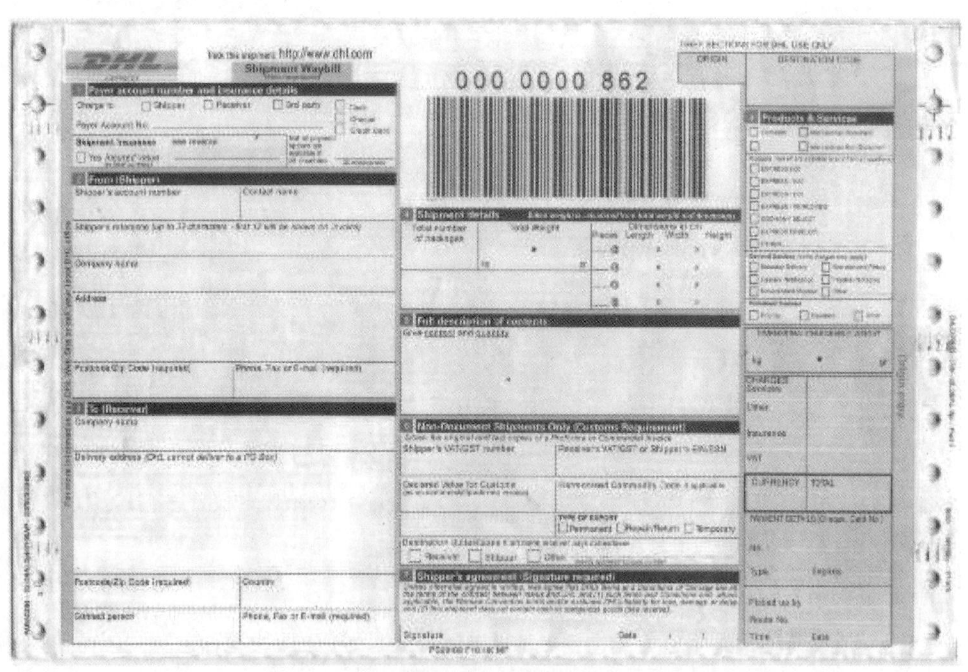

DHL

http://www.dhl.com

Shipment Waybill

000 0000 862

ORIGIN

DESTINATION CODE

1 Payer account number and insurance details

Charge to: Shipper Receiver 3rd party

Payer Account No.

Shipment insurance

2 From (Shipper)

Shipper's account number

Contact name

Company name

Address

Postcode/Zip Code (required)

Phone, Fax or E-mail (required)

3 To (Receiver)

Company name

Delivery address (DHL cannot deliver to a PO Box)

Postcode/Zip Code (required)

Country

Contact person

Phone, Fax or E-mail (required)

4 Products & Services

4 Shipment details

Total number of packages

Total weight

Pieces Length Width Height

5 Full description of contents

6 Non-Document Shipments Only (Customs Requirement)

Shipper's VAT/GST number

Declared Value for Customs

Harmonised Commodity Code, if applicable

TYPE OF EXPORT

Permanent Repair/Return Temporary

Receiver Shipper Other

7 Shipper's agreement (Signature required)

Signature

Date

CHARGES

Services

Other

Insurance

VAT

CURRENCY TOTAL

Picked up by

Route No.

Time Date

图 3-17　DHL 快递面单

作为跨境电商从业人员，仓库里的各种物料消耗是比较快的，我们应该定期检查各种物料消耗情况，及时补充，避免出现因物料不够而影响发货的情况。

3.1.3　配套设备介绍

配套设备是指仓库里面与发货操作配套的硬件，并不是要求每一位读者都添置这么多设备，是想向读者们传达一个信息：工欲善其事，必先利其器。用好配套设备能极大地提高工作效率、减少出错概率、避免后期麻烦。

1. 普通打印机

普通打印机是指打印普通 A4、A5 纸张的打印机，推荐选用激光打印机，而不要用喷墨打印机。因为普通打印机主要处理装箱单、订单信息（收件人信息和货品明细）、形式发票等订单方面的打印，平均每天的打印量是非常大的，喷墨打印机根本适应不了。

正因为普通打印机打印量大，出故障的几率也大，选择一位可以随叫随到的打印机、碳粉维修更换合作商很重要。要是打印量特别巨大，甚至可以用租赁的方式，这样连维护打印机的时间、精力都省了。

常用的普通激光打印机品牌一般有惠普、佳能、富士施乐。

HP5100 打印机如图 3-18 所示：

图 3-18　HP5100 打印机

2. 热敏打印机

热敏打印机被广泛应用于电商的出货操作当中，其原理是热敏打印机配合热敏打印纸快速地将欲打印的图像成像在热敏打印纸上，速度快，可以打印粘贴纸，故障率低。

比较常见的热敏打印机有两类，一类是标签打印机，另一类是条码打印机。

标签打印机主要用来打印集成化的地址标签、报关签条等，打印出来之后直接贴在包裹上面即可，非常方便。

条码打印机主要用来打印内部管理用的产品 SKU 条码，打印出来贴在产品零售包装上，出货的时候扫一下 SKU 条码即可快速判断该货品是否是订单所需，方便可靠。

热敏打印机需要配合热敏打印标签纸使用；

热敏打印机需要在电脑里安装驱动程序和对应的字体；

因热敏打印机打印数量巨大，所以至少应该备用一台，以免万一某台热敏打印机失效而整个仓库都不能操作。

热敏打印机使用的注意事项：

（1）万一打印显示乱码或者条码不显示，则要检查电脑系统里是否安装了对应的条码字体；

（2）要注意观察打印机上的指示灯，避免出现没纸却一个劲地加载打印任务的情况；

（3）不使用的时候最好关掉电源。

热敏打印机里最著名的是斑马标签打印机，如图 3-19 所示：

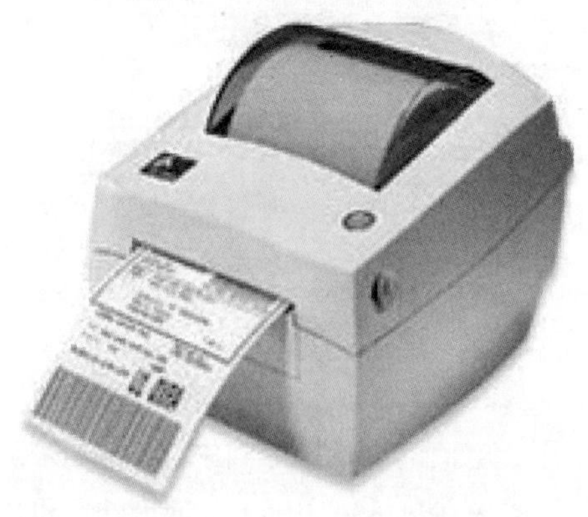

图 3-19　斑马标签打印机

热敏打印机使用的是热敏粘贴打印纸，如图 3-20 所示：

图 3-20　热敏粘贴打印纸

3．针式打印机

针式打印机主要用来打一式多联的单据，比如 EMS 的快递单、国内的快递单等。针式打印机是利用打印头撞击色带来回在单据上打上所需要打印的内容，所以可以高效地代替手工填写来制作多联单据。

针式打印机使用注意事项：

（1）要调好模板，避免打印位置偏移而造成浪费单据；

（2）如果量大，则要注意色带使用情况，有必要的话多备用一个色带，避免出现色带没墨了而又返回到手工填写的尴尬处境。

针式打印机使用得多的品牌是爱普生，如图 3-21 所示：

图 3-21　针式打印机

4．扫描枪

扫描枪是一种输入设备，用于扫描条码。现在所使用的扫描枪一般是 USB 接口，直接插在电脑的 USB 接口就可以使用。扫描枪扫描一个条码之后就等于在电脑里输入了条码对应的字符，所以可以非常方便地扫描输入产品 SKU 条码、包裹跟踪号等信息。

扫描枪不推荐使用太高级、太好的，因为我们国内使用的扫描枪普遍都比较新，而且一旦故障也基本上是换新的。但从部分国外客户的反馈来看，他们当地使用的扫描枪还是那种很老旧的款式，尤其是邮局，邮局批量流程化处理国际包裹的时候不是人工去扫描，而是机器去扫描跟踪号，识别水平普遍比我们使用的扫描枪要低。

所以，为了辨识和替换不怎么好扫描识别的条码，我们应该用识别程度较为一般的扫描枪，这样一来，连一般的扫描枪都能扫出来的条码，到了国外的邮局也就一样能被机器识别出来。

扫描枪使用要注意不要对着人眼，因为激光会有轻微伤害，尤其是仓库同事有小孩的情况下。

如图 3-22 所示是较为常见的扫描枪：

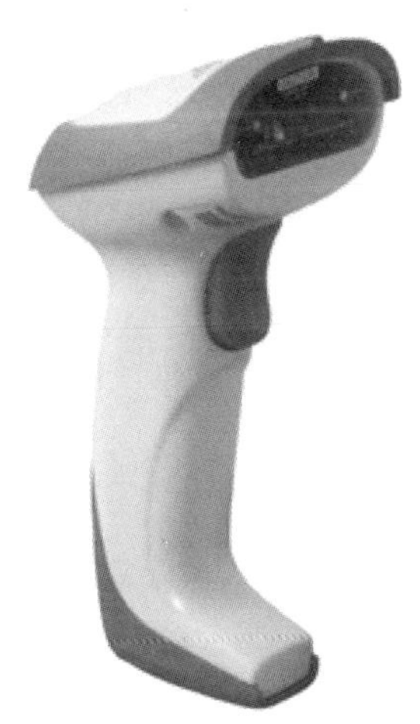

图 3-22　扫描枪

5. 打包器

打包器，又叫胶纸切割器，一般有塑料和铁制两种，是专门为切割胶纸、快速打包而设计的。选购打包器的时候要注意仓库经常使用的胶纸的宽度和厚度，因为有一些打包器的宽度不够，导致无法适应较宽的胶纸；有一些打包器内腔空间不够，导致无法适应较厚的胶纸。打包器属于易耗品，尤其是塑料打包器，稍微用力过猛就损坏了，所以应该多备几个在仓库，同时可以让其他部门的同事偶尔过来帮忙的时候可以使用。

如图 3-23 所示是较为常见的打包器：

图 3-23　打包器

6．美工刀

美工刀是用来切割气泡膜、切割纸箱（压缩体积重）用的，出于保护操作人员的需要，最好不要用一般的刀片代替，而要用美工刀，因为一般的刀片容易引起疲劳，并且极易划伤手指。

美工刀的选购没有什么特殊的技巧，它和打包器一样属于日常消耗品，建议多备几把放仓库，以备不时之需。

如图 3-24 所示是较为常见的美工刀：

图 3-24　美工刀

7．记号笔

记号笔，又叫油性笔，它的用途是在外箱上写字。常见的记号笔分黑、蓝、红三种颜色，一般用黑色，尽量少用或者不用红色。

记号笔的使用主要有 5 种情况。

（1）用在发快递一票多件的时候写明第几件/共几件；

（2）部分货代公司会要求把快递原单号写在外箱上以方便他们操作；

（3）部分客户会要求把批发单发到他指定的货代那里，这时要在外箱上写上他在货代那里登记的客户编号；

（4）需要涂抹遮盖部分印迹的时候会用到记号笔；

（5）用记号笔在一张单独的白纸上写字，放到包裹上或者库存产品旁边拍照，显示真实发货、真实库存。

记号笔使用注意事项：

（1）记号笔在不使用的时候一定要把笔盖盖好，不然很快里面的墨水就蒸发完了；

（2）如有需要，用记号笔在外箱上写好之后再用透明胶纸把所写文字覆盖一遍，以免被水浸湿或者被不小心擦除；

（3）根据一般经验，记号笔非常容易丢失，所以一定要多备几支放仓库。

如图 3-25 所示为较为常见的记号笔：

图 3-25　记号笔

8．电子秤

电子秤是一种带数显可以把重量信息直接输入电脑的秤，一般配合内部出货系统和扫描枪使用。

具体过程是：

（1）把包裹放到电子秤上，电子秤即时显示重量信息；

（2）用扫描枪扫描跟踪条码；

（3）内部出货系统会自动记录这个包裹的跟踪条码并将重量对应记录起来。

如果仓库操作出货不是用内部系统的，可以不使用电子秤；如果公司内部有出货系统，则一定要使用电子秤。

电子秤还有一个用途就是排查缺少配件的包装。

比如供应商提供过来某型号手机 100 台，被告之其中有两台零售包装内缺少充电器（一个充电器大概 40 ~ 50g 左右），此时如果人工一个一个拆包装检查会导致效率奇低无比。我们可以将这 100 台手机一个一个过电子秤，发现哪两台重量少了几十克就是哪两台缺少充电器了。

电子秤属于精密仪器，用于记录出货重量，这关系到和货代公司的结算，所以需要特别注意电子秤的精准。

电子秤使用注意事项：

（1）每次使用电子秤的时候要注意看空置状态下数显是否归零；

（2）不要让工作人员开玩笑似地把出货电子秤当成体重秤来用，影响使用寿命。

如图 3-26 所示是较为常见的电子秤：

图 3-26　电子秤

9．数码相机

因为出货时的收件人信息、跟踪号、重量等内容在以后可能发生的纠纷当中显得至关重要，所以有必要记录这些信息。

目前部分先进的电商公司已经采用视频的方式实录出货称重的过程，不但把包裹上的收件人、跟踪号拍下来，还可以把电子秤上显示的包裹重量也记录下来。但这一套视频存储系统对于一般公司来说不太划算，毕竟发生纠纷的情况还是少。可是又不得不防范以后的纠纷，所以，要用数码相机来达到一个平衡。

最好的操作方法是把待出货的每个包裹逐个放电子秤或者一般的秤上拍一张照，要是实在太忙而不方便逐个包裹拍照的话可以不考虑拍包裹重量，而是直接把一批包裹正面平铺开拍一张大图，只要清晰显示每个包裹的收件人信息和跟踪号就行。

为什么不用手机拍照而要用数码相机呢？

数码相机的优势如下：

（1）数码相机相对于手机更加耐用；

（2）数码相机用 SD 卡存储照片，可以很方便地输出到电脑上；

（3）一般的数码相机都能轻易拍摄较高分辨率的照片；

（4）数码相机防抖动效果比较好；

（5）数码相机归属公司，可以指定专人保管和使用，避免手机归属员工而带来的麻烦。

使用数码相机拍照的注意事项：

（1）拍照的时候手不要抖动，一旦抖动则会看不清包裹上的文字；

（2）数码相机耗电快，要多准备一两块备用电池；

（3）不一定要用单反，普通的卡片数码相机足够胜任工作；

（4）SD 卡里的文件要记得备份，避免因为卡损坏而丢失数据。

10. 卷尺

卷尺较为常见，一般是钢质卷尺，多为 3m 和 5m 两种规格，我们做跨境电商选用 3m 的就足够了。卷尺的作用是测量外纸箱的长、宽、高，以便更好地控制体积重。

为什么不用直尺而用卷尺？因为直尺普遍不到一米长，太短，不利于量一些大货的外纸箱。

卷尺使用注意事项：

（1）测量纸箱长、宽、高的时候一定要往长了量，比如看上去刚好 15cm 又好像多了那么一点点则最好记成 16cm，因为货代公司不会跟我们客气，他们只会往长了量。而物流公司则更加过分，他们用的是激光测量，哪怕多一点点也会被测出来。所以，为了避免被动，在仓库出货量体积的时候要往大了量。

（2）卷尺是钢铁材质，边缘锋利，在使用过程中要注意安全。不用的时候要放回原位，以免丢失。

图 3-27 是较为常见的卷尺：

图 3-27　卷尺

3.1.4　常见包裹介绍

在接了订单、打印了各种标签、配了货之后就到了打包这个环节了，跨境电商和国内电商对包装的要求是完全不一样的，两者有着天壤之别。国内物流可能会要求包得越高端、越精美就越好，反正一公斤以内都是一样的价格。跨境电商就不一样了，要求在保护好内装物件的前提下包裹越轻越好，越轻就越节省运费。而且跨境电商因为涉及通关的问题，所以包裹越不起眼、越朴实就越好。

为了让读者对跨境电商的包装有更清晰的认识，我们挑选了几类常见的包裹给大家做演示。

1．中国邮政挂号小包

中国邮政挂号小包照片（正面），如图 3-28 所示：

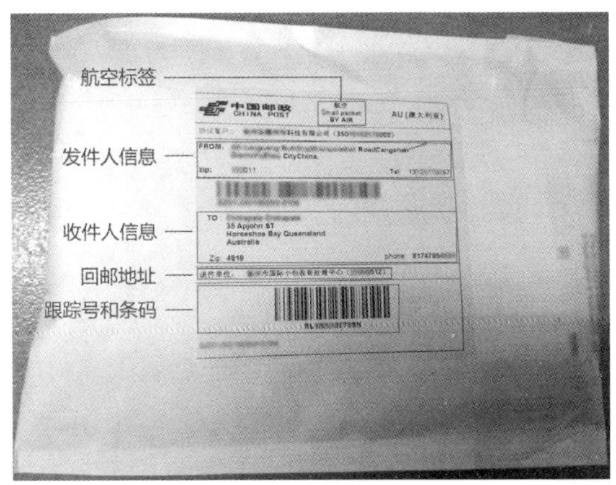

图 3-28　中国邮政挂号小包（正面）

中国邮政挂号小包照片（背面），如图 3-29 所示。

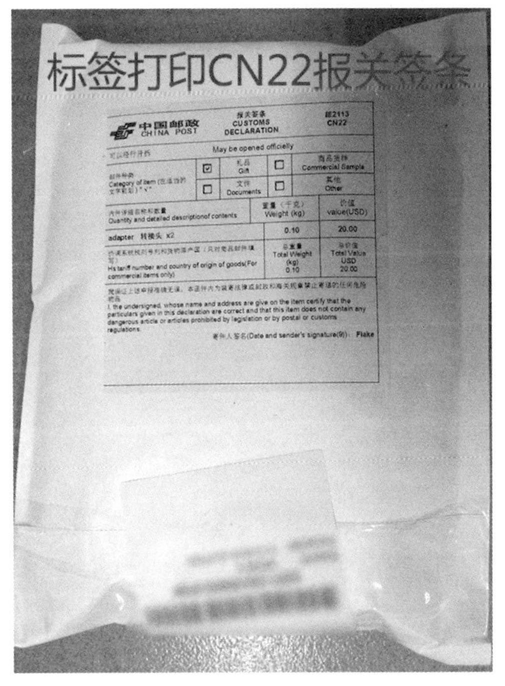

图 3-29　中国邮政挂号小包（背面）

这是一个用气泡信封包装的中国邮政挂号小包包裹，采用的是集成化标签打印，也是目前速卖通平台上最常用的一种运输方式。

包裹正面标签主要包括这些元素：

（1）中国邮政标志；

（2）航空标签；

（3）目的国（地区）简写代码及中文名称；

（4）发件人信息；

（5）收件人信息；

（6）回邮地址；

（7）跟踪号和条码。

包裹背面是CN22格式报关签条，主要包括这些元素：

（1）中国邮政标志；

（2）CN22格式说明；

（3）邮件种类选择（可选择礼品、商品货样、文件、其他）；

（4）内件详细名称和数量；

（5）重量；

（6）价值；

（7）总重量；

（8）总价值；

（9）签名。

2．香港小包

纯手工贴标签香港小包照片，如图3-30。

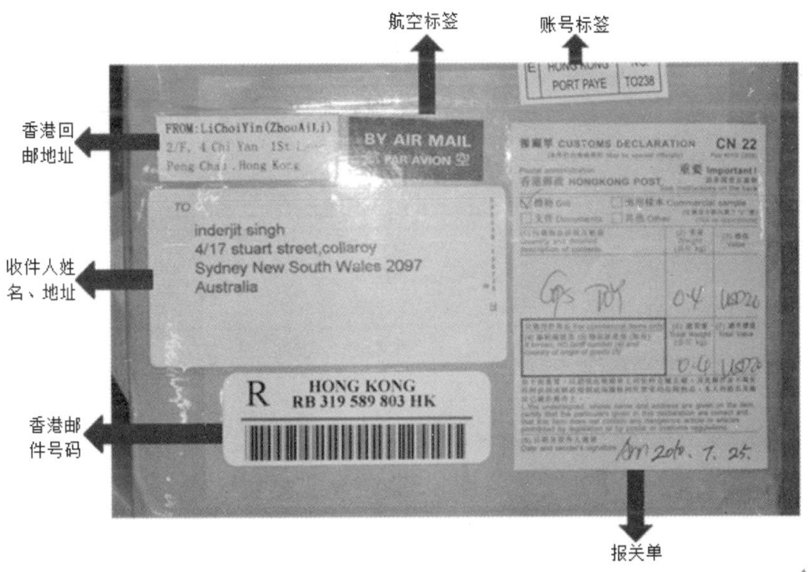

图 3-30　香港小包

这是一个用纸箱包装的香港小包的正面照片，虽然这种纯手工贴标签的方式已经逐步被集成打印标签的模式所取代，但它很好地反映了一个国际挂号小包所要的各种标签，具体如下：

（1）航空标签；

（2）账号标签；

（3）香港回邮地址；

（4）收件人信息；

（5）跟踪条码；

（6）报关单。

3．新加坡小包

新加坡小包正面照片，如图 3-31 所示。

图 3-31 新加坡小包

新加坡小包正面标签区块分明，由下列部分组成：

（1）回邮地址；

（2）新加坡邮政标签和货代公司标签；

（3）收件人地址信息；

（4）航空标签；

（5）目的国（地区）两个英文字母简写；

（6）跟踪号和条码。

新加坡小包的背面也是一张 CN22 格式的报关签条，在此不多赘述。

4. ePacket 美国

ePacket 又叫 E 邮宝，每个 E 邮宝都有两个标签，发货的时候严格要求贴在正反两面。

如图 3-32 所示是往美国发的 ePacket 包裹正面照片：

图 3-32　ePacket

这个包裹内件是一个电子产品，用气柱袋装了之后再套一层包装袋，然后再正反两面贴 ePacket 标签。

发往美国的 E 邮宝正面标签包含以下内容：

（1）大写 F，表示这是美国 USPS 的 First Class Mail，即一类函件，有优先处理权；

（2）中国邮政、美国 USPS 还有 ePacket 商标；

（3）航空标签；

（4）美国分拣区数字标志，此图为 3，即第 3 号分拣区；

（5）发件人信息；

（6）收件邮编；

（7）收件人信息；

（8）跟踪号和条码。

如图 3-33 所示是往美国发的 ePacket 包裹背面照片：

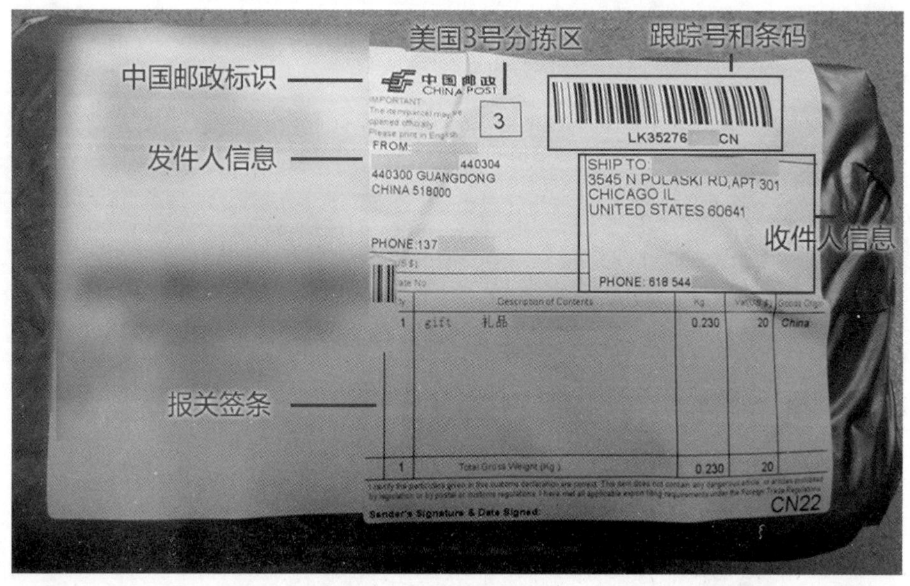

图 3-33

发往美国的 E 邮宝背面标签包含以下内容：

（1）中国邮政标志；

（2）美国分拣区数字标志，上图为 3，即第 3 号分拣区；

（3）跟踪号和条码；

（4）发件人信息；

（5）收件人信息；

（6）报关签条。

5. EMS 包裹

EMS 面单照片，如图 3-34 所示：

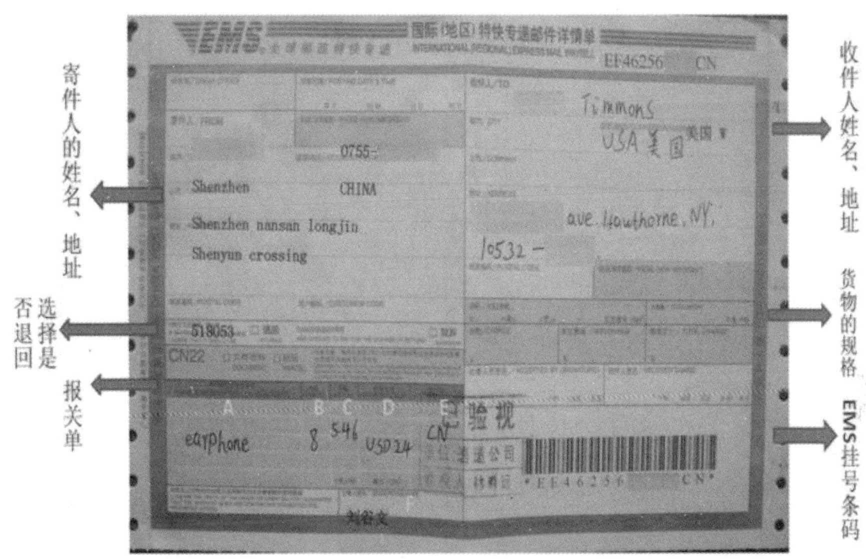

图 3-34　EMS 面单

这是一张中国 EMS 面单的照片，它很好地将发件人信息、收件人信息、报关签条、跟踪条码结合到了一起。

EMS 包裹照片，如图 3-35 所示：

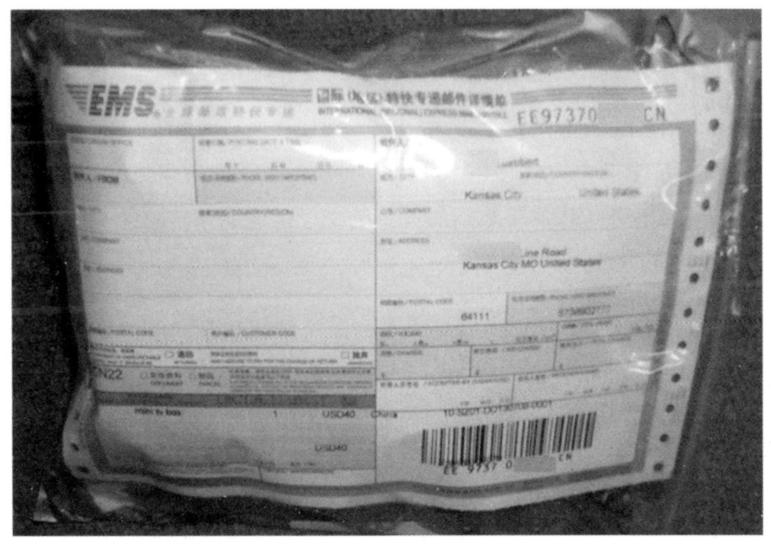

图 3-35　EMS 包裹

这是一张 EMS 包裹的实拍图，内件是一台电子产品，用气泡膜缠绕多层之后再套一层包装袋，最后把 EMS 面单所带的自粘袋贴到包裹正面。

6. DHL 面单图片

如图 3-36 所示是一张标准的 DHL 面单：

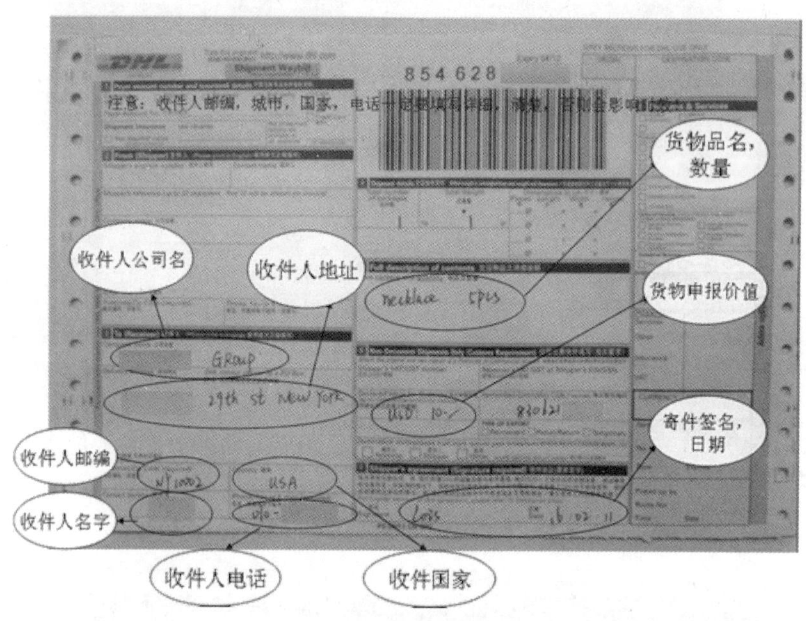

图 3-36　DHI 面单

DHL 面单和 EMS 面单内容上极为相似，都包含发件人信息、收件人信息、申报明细等内容。DHL 面单上的条码并不是可以用来直接查询的跟踪号，而叫参考单号。有关跟踪号、参考单号、转单号之间的关系前文已经说明，这里不再赘述。

7. DHL 用快递袋包装

通常情况下能装进 DHL 快递袋的包裹就不会计体积重，所以能装快递袋就尽量装快递袋。以下分有转单号和无转单号两种情况为读者展示 DHL 快递袋发货的照片。

DHL 快递袋发货，有转单号，正面，如图 3-37 所示：

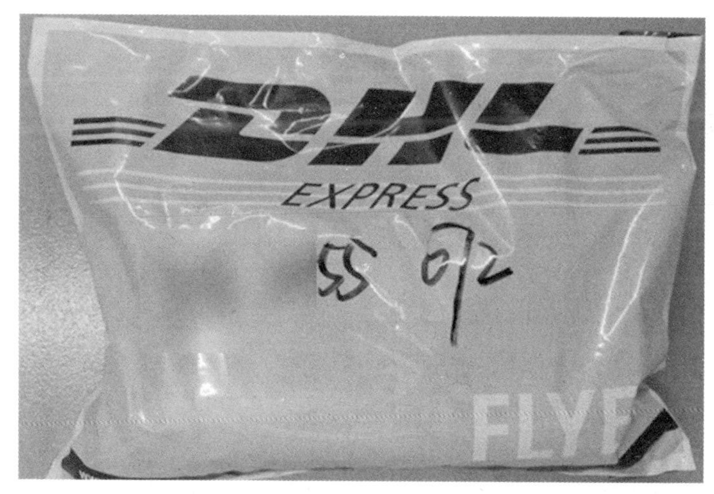

图 3-37　DHL 快递袋（正面）

这里的内件是一台平板电脑，用了珍珠棉包装，DHL 快递袋正面应货代公司要求把 DHL 面单上的参考单号用记号笔写好了，为的是方便货代公司后续操作。

DHL 快递袋发货，有转单号，背面，如图 3-38 所示：

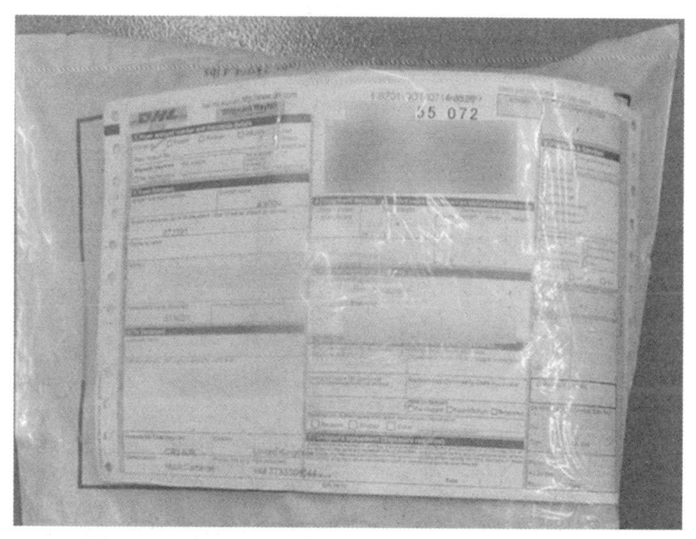

图 3-38　DHL 快递袋（背面）

这是同一个包裹的背面，面单上的参考单号和包裹正面用记号笔书写的是一样的，是为了方便货代公司下一步操作。另外，形式发票和面单装在一起，放在了面单下面，所以图上看不出形式发票来，不要误会成不需要形式发票。

DHL 快递袋发货，直接出跟踪号，正面，如图 3-39 所示：

图 3-39　DHL 快递袋跟踪号（正面）

因为是直接出跟踪号的，所以不再需要面单，也就不再需要在包裹正面写面单上的参考单号，而是直接打印带跟踪号的标签贴上即可。

DHL 快递袋发货，直接出跟踪号，背面，如图 3-40 所示：

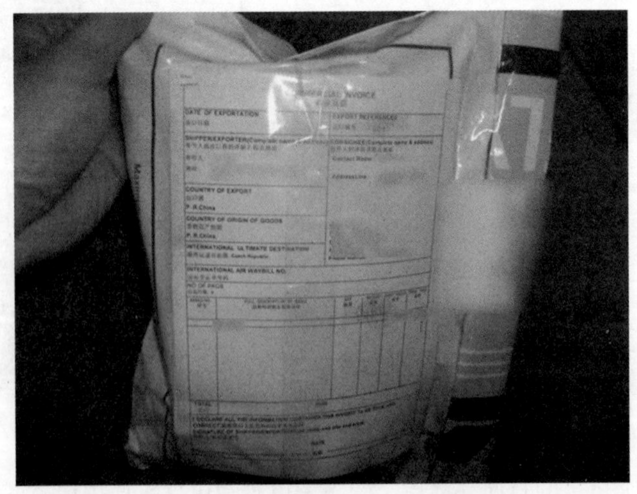

图 3-40　DHL 快递袋跟踪号（背面）

因为是直接出跟踪号的，所以不需要面单，只把形式发票放进来即可。

8．DHL 用纸箱包装

不光只有用快递袋包装的情形，更多的是用纸箱包装发 DHL，如图 3-41 所示：

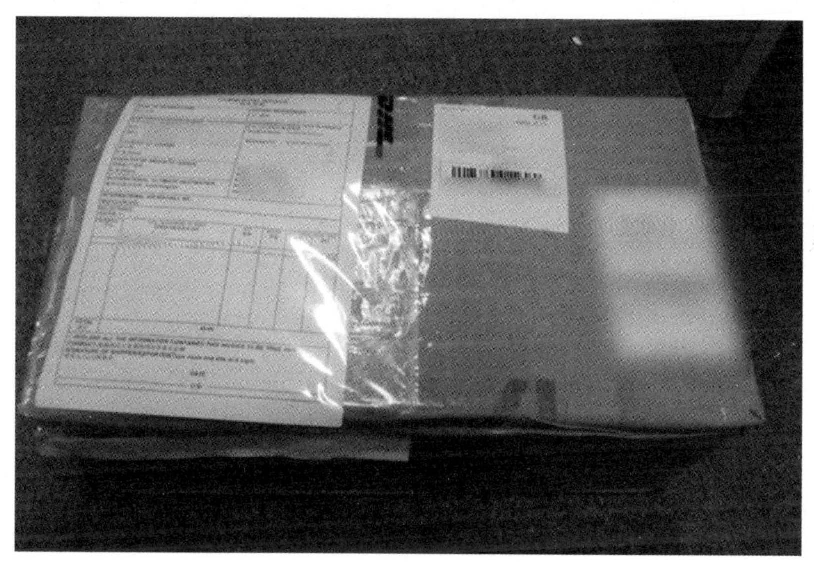

图 3-41　DHL 用纸箱包装

这是典型的用回收纸箱打包发直接出跟踪号的 DHL 的情形。

用黄色胶纸整体覆盖一圈，目的是覆盖纸箱本身印刷、防水。

再贴上带有跟踪号的打印标签。

最后把形式发票放到 DHL 自粘袋里贴在包裹正面即可。

由上述种种包裹类型可以看到，不管是小包的报关签条，还是商业快递的形式发票，都是随着货物一起走的。所以，对货物的申报就很关键了，我们平时要多收集一些申报信息，比如各国免税额之类的。

3.1.5　包装注意事项

1．控制体积重

通常把体积重大于实重俗称为“超体积”，事实上，因为产品种类繁多，业务员不大可能精确了解每一个产品的长、宽、高。而速卖通平台上混批的订单比单一产品批发的订单多得多，再加上纸箱的规格有限，所以基本上不存在某个规格的纸箱刚好装进所需要包装的产品。

一般的做法是用稍微大一点的纸箱把产品全部装进去，然后用美工刀把纸箱多出来的部分切割掉。一次切割不行就切两次，也可以切成两部分然后拼进来，在保证货物安全的情况下把体积尽可能多地压缩。

2. 常见包装要求

① 不能晃动

不能晃动是指包裹打好包以后拿在手上摇晃几下不能发觉里面的物品可以晃动。

② 上下前后左右接触均不会损坏

这一点主要适用纸箱包装的情况。纸箱包装往往伴随着切割，切割完了再拼起来之后要求各个面强度相似，不能出现某一个面强度明显降低从而导致内件损坏。

③ 封口

这一点是指用气泡信封包装时最好在气泡信封自带的封口胶封口之后再用透明胶纸覆盖一层，一来可以进一步防水，二来可以让客户在收到包裹的时候马上发现是否被拆开过。

④ 条码处平整不能有气泡

这一点主要适用于手工贴挂号条码再在条码上覆盖透明胶纸的情形，在条码上覆盖透明胶纸本意是想防水、防划，但是要注意贴得平整一点，中间不能有气泡，避免影响扫描枪扫描。

⑤ 不要节省包装材料

这一点是指在用纸箱打包的时候能用高强度的就用高强度的，能用五层的就不用三层的。节省包装材料往往带来售后上无穷无尽的麻烦，宁可增加重量，也不能节省包装材料。做电子产品的更应该常备泡沫箱、气柱袋等物料，可以避免很多不必要的损失。

3.2　速卖通发货处理

3.2.1　线上发货流程

1. 什么是速卖通线上发货

“线上发货”是由阿里巴巴全球速卖通、菜鸟网络联合多家优质第三方物流商打造的物流服务体系。

卖家使用“线上发货”需要在速卖通后台在线下物流订单，物流商上门后（或卖家自寄至物流商仓库），卖家可在线支付运费并在线发起物流维权。阿里巴巴作为第三方将全程监督物流商服务质量，保障卖家权益。

2. 线上发货有什么优势

卖家保护政策：

① 平台网规认可

使用线上发货且成功入库的包裹，买卖家双方均可以在速卖通后台（订单详情页面）查看全程物流追踪信息，且平台网规认可。后续卖家遇到投诉，无需再提交发货底单等相关物流跟踪信息证明。

② 规避物流低分，提高账号表现

每个月进行卖家服务等级评定时，使用线上发货的订单，因物流原因导致的低分可抹除（物流问题导致的 DSR 物流服务 1 分、仲裁提起、卖家责任裁决率都不计入考评）。

③ 物流问题赔付保障

阿里巴巴作为第三方将全程监督物流商服务，卖家可针对丢包、货物破损、运费争议等物流问题在线发起投诉，获得赔偿（仅国际小包物流方案支持）。

运费低于市场价，支付更方便！

① 可享受速卖通卖家专属合约运费

低于市场价，只发 1 件也可享受折扣！

② 在线用支付宝付运费

国际支付宝账户中未结汇差不多也能付运费，还能下载运费电子账单对账。

渠道移动，时效快！

① 渠道稳定

直接和中国邮政等物流商对接，安全可靠！

② 时效快

平台数据显示，线上发货上网时效、时效高于线下！

③ 物流商承诺运达时间

因物流商原因在承诺时间内未而引起的限时达纠纷赔款，由物流商承担！

3. 线上发货和线下发货有什么区别

线上发货（推荐）：

卖家保护政策，物流商服务有保障，承诺运达时间，支持卖家在线投诉维权！

线下找物流商发货：

提醒：需谨慎选择口碑好、有保障的物流商！

有关速卖通线上发货的进一步介绍请参考如下链接：

http://seller.aliexpress.com/so/ae_logistics_intro.php

4. 速卖通线上发货物流方案介绍

国际小包物流方案：

运费：按 g 计算，1g 起重。

时效承诺：物流商承诺时效，因物流商原因在承诺时间内未送达而引起的限时达纠纷赔款，由物流商承担！（按照速卖通订单成交价赔偿，承诺时效及赔付上限如表 3-1 所示）

卖家可针对丢包（超出承诺时间货物未送达）、货物破损、运费争议等物流问题发起在线投诉，获得赔偿。

表 3-1　物流方案承诺时效及赔付上限

物流方案名称	运送范围	揽收范围	时效承诺	赔付上限（人民币）
中国邮政挂号小包 China Post Registered Air Mail	全球	深圳、广州、义乌、金华、杭州、上海、北京、宁波、东莞、南京、福州	60 天（巴西 90 天）	300 元
中国邮政平常小包+ China Post Ordinary Small Packet Plus	俄罗斯、巴西、美国等 25 国	北京、上海、深圳、广州、杭州、义乌、南京、宁波、金华、东莞、福州、苏州、温州、厦门	/	300 元
新加坡小包（递四方）Singapore Post（4PX）可发带电货物	全球	深圳、广州、义乌、上海、厦门	60 天（巴西 90 天）	300 元
速优宝芬兰邮政 Posti Finland	俄罗斯、白俄罗斯	深圳、广州、义乌、金华、上海、苏州、北京、广东省内	35 天	300 元
芬兰邮政经济小包 Posti Finland Economy	俄罗斯、白俄罗斯	深圳、广州、义乌、金华、上海、苏州、北京	/	300 元
中外运-西邮标准小包 CORREOS PAQ 72	西班牙	深圳、广州、义乌、金华、上海、苏州、北京	30 天	300 元
中外运-西邮经济小包 Correos Economy	西班牙	深圳、广州、义乌、金华、上海、苏州、北京	/	300 元
中俄快递-SPSR Russia Express-SPSR 可发带电货物	俄罗斯	深圳、广州、义乌、金华、上海、苏州、北京	核心城市 15 天	1500 元
中俄航空 Ruston Russian Air	俄罗斯	广东、浙江、江苏、福建、上海	60 天	700 元
航空专线-燕文 Special Line-YW	俄罗斯、巴西、印尼等 22 国	深圳、广州、义乌、上海、北京	60 天（巴西 90 天）	700 元

具体各种物流方案的详细介绍以及在线发货操作指导请参考如下链接：

http://seller.aliexpress.com/so/ae_logistics_methods.php

速卖通线上发货使用教程

卖家可以选择以下 3 种方式进行线上发货：

（1）在速卖通后台进行线上发货操作；

（2）通过第三方软件全球交易助手、速脉打单宝、速卖 ERP 进行线上发货操作；

（3）对接线上发货 API 接口，通过自有 ERP 进行线上发货操作。

线上发货操作流程如下：

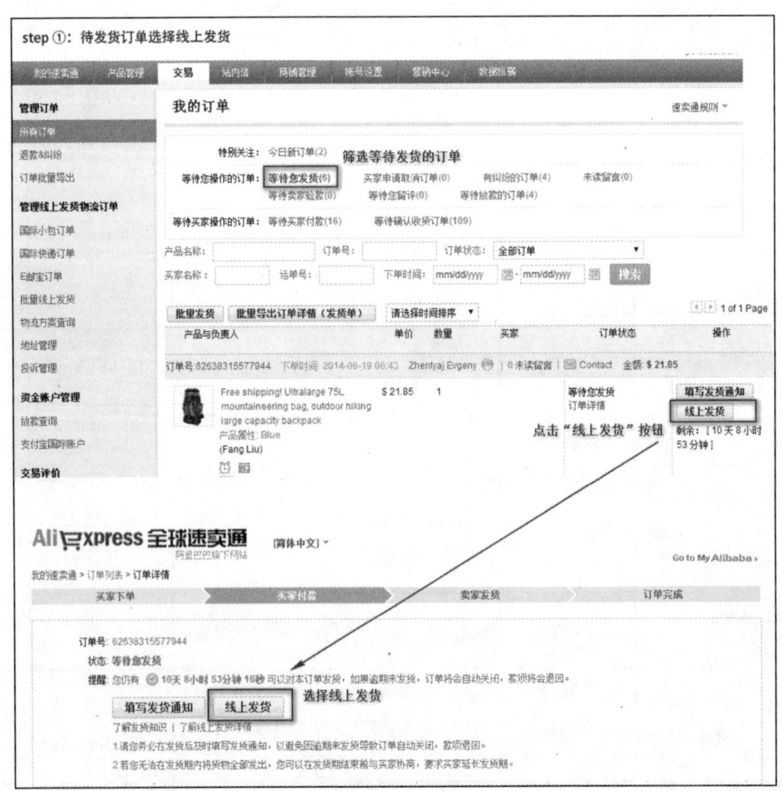

step ②：选择物流方案
我的速卖通 产品管理 交易 站内信 商铺管理 账号设置 营销中心 数据纵横
管理订单
所有订单
退款&纠纷
订单批量导出
管理线上发货物流订单
国际小包订单
国际快递订单
E邮宝订单
批量线上发货
物流方案查询
地址管理
投诉管理
资金账户管理
放款查询
支付宝国际账户
交易评价
管理交易评价
速卖通官方微博 +关注
选择物流方案
选择物流方案 创建物流订单 创建成功
小提示
1. 发往巴西、俄罗斯的优势线路航空专线-燕文上线啦！线上发货安全快速有保障，了解详情>>
2. 提醒：FedEx发往欧盟、中东等国家需要提供商业发票。查看具体国家下载发票范本
交易订单号 62638315577944 隐藏订单包裹信息
发货地址 请点击修改后选择 收货国家 Russian Federation
包裹重量 0.8 KG 修改
系统根据您的订单信息列出可选的线上发货物流方案及预估运费
服务名称 运输时效 交货地点 试算运费
中俄航空 Ruston 15-50天 上海仓库 默认仓库 CN¥ 76.00(含挂号费)
航空专线 燕文 15-50天 上海仓库 默认仓库 CN¥ 76.00(含挂号费)
速邮宝(中邮小包) 15-50天 上海仓库 默认仓库 CN¥ 90.00(含挂号费)
新加坡小包(递四方) 15-60天 4PX广州 CN¥ 96.80(含挂号费)
新加坡小包(递四方) 15-60天 4PX上海 CN¥ 96.80(含挂号费)
新加坡小包(递四方) 15-60天 4PX深圳 CN¥ 96.80(含挂号费)
新加坡小包(递四方) 15-60天 4PX厦门 CN¥ 96.80(含挂号费)

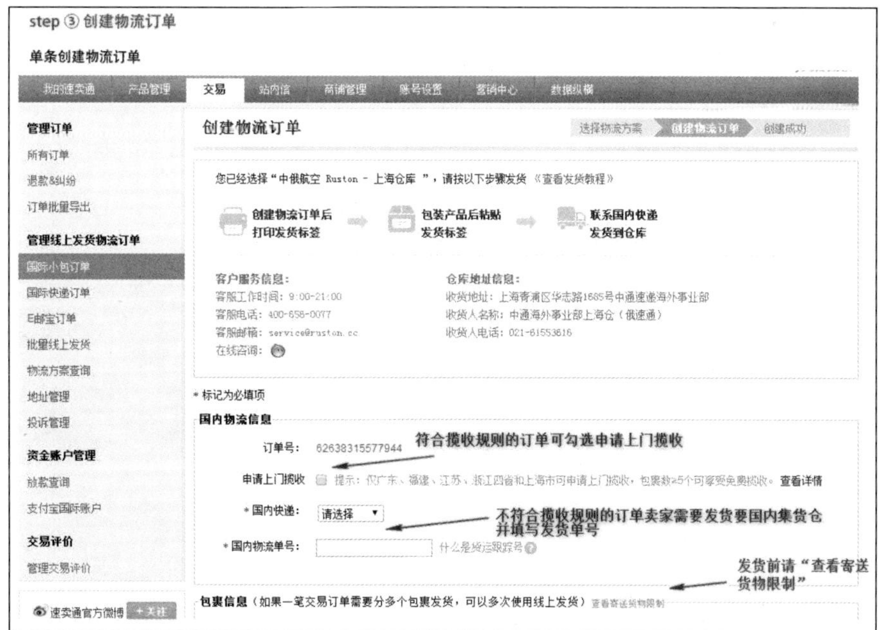
step ③ 创建物流订单
单条创建物流订单
我的速卖通 产品管理 交易 站内信 商铺管理 账号设置 营销中心 数据纵横
管理订单
所有订单
退款&纠纷
订单批量导出
管理线上发货物流订单
国际小包订单
国际快递订单
E邮宝订单
批量线上发货
物流方案查询
地址管理
投诉管理
资金账户管理
放款查询
支付宝国际账户
交易评价
管理交易评价
速卖通官方微博 +关注
创建物流订单
选择物流方案 创建物流订单 创建成功
您已经选择"中俄航空 Ruston - 上海仓库"，请按以下步骤发货 《查看发货教程》
创建物流订单后打印发货标签
包装产品后粘贴发货标签
联系国内快递发货到仓库
客户服务信息：
客服工作时间：9:00-21:00
客服电话：400-658-0077
客服邮箱：service@ruston.cc
在线咨询：
仓库地址信息：
收货地址：上海青浦区华志路1685号中通速递海外事业部
收货人名称：中通海外事业部上海仓（俄速通）
收货人电话：021-61553816
* 标记为必填项
国内物流信息
订单号：62638315577944
符合揽收规则的订单可勾选申请上门揽收
申请上门揽收 提示：仅广东、福建、江苏、浙江四省和上海市可申请上门揽收，包裹数≥5个可享受免费揽收。查看详情
* 国内快递：请选择
不符合揽收规则的订单卖家需要发货要国内集货仓并填写发货单号
* 国内物流单号： 什么是货运跟踪号
发货前请"查看寄送货物限制"
包裹信息（如果一笔交易订单需要分多个包裹发货，可以多次使用线上发货）查看寄送货物限制

批量创建物流订单
我的速卖通 产品管理 交易 站内信 商铺管理 账号设置 营销中心 数据纵横
管理订单
所有订单
退款&纠纷
订单批量导出
管理线上发货物流订单
国际小包订单
国际快递订单
E邮宝订单
批量线上发货
物流方案查询
地址管理
投诉管理
资金账户管理
放款查询
支付宝国际账户
交易评价
管理交易评价
速卖通官方微博 +关注
批量线上发货
小贴士
E邮宝已经支持批量线上发货啦！
1 筛选并导出待发货订单，补全信息后进行第二步提交。
您也可以下载空白模板，填写信息后进行第二步提交。下载e邮宝模板 下载中俄航空模板
按时间筛选： 订单创建时间 自定义时间段
线上发货状态筛选： 未创建过线上发货
选择在线发货的物流方式： 航空专线-燕文
航空专线-燕文
新加坡小包(递四方)
中俄航空 Ruston
ePacket
选择线上发货物流方式，导出订单表Excel
（样式如下）
2 上传Excel文件，批量创建物流订单。
我的发货地址：
姓名： 地址：
liu fang ZheJiang HangZhou XiaoShan wenxing
重选发货地址 管理发货地址
上传线上发货的文件： 选择文件 未选择文件
提交
填写完成后，再上传Excel表格
即可批量创建线上发货订单
批量线上发货小贴士：
1、基本信息、国内物流信息、上门揽收信息(中文地址信息)、收货人信息、产品信息四大块内容必填（其中收货人"联系电话"、"手机"至少填一项）
2、如果包裹中有多个产品，可以在右边新增"产品信息2"、"产品信息3"等。必须包含：中文品名、英文品名、件数、申报重量、申报金额、是否包含锂电池
3、国际物流方式选择"中俄航空 Ruston"而且上门揽收选择"是"时，国内快递公司必须是"中通速递"
4、选择其他国际物流方式发货且上门揽收选择"是"时，国内快递公司可以选择任意值
基本信息
国内物流信息
交易订单号 国际物流方式 发货仓库 国内快递公司 国内快递单号 是否上门揽收 姓名 州/省
62560733163622 新加坡小包(递四方
62600831910598 新加坡小包(递四方
62605542757624 新加坡小包(递四方
62633170099544 新加坡小包(递四方
62638315577944 新加坡小包(递四方

step ④ 货物打包
卖家需要打印发货标签，把标签粘贴在包裹外包装上再交货给物流商
我的速卖通 产品管理 交易 站内信 网站设计 账号设置 营销中心 数据纵横
管理订单
所有订单
退款&纠纷
订单批量导出
管理线上发货物流订单
国际小包订单
国际快递订单
E邮宝订单
批量线上发货
物流方案查询
地址管理
投诉管理
资金账户管理
放款查询
支付宝国际账户
交易评价
管理交易评价
国际小包订单
联系仓库
交易订单号 国际物流单号 物流订单号 等待仓库收货
全部仓库 创建时间： mm-dd-yyyy - mm-dd-yyyy 搜索
状态： 全部订单 等待仓库收货（5285） 待支付（6165） 等待仓库发货（36） 待填写发货通知（5304）
批量打印发货标签 同时打印订单详情
支持批量打印
支持打印订单详情
国际物流单号 交易订单号 国内物流信息 发往仓库 物流订单状态 操作
物流订单号：20700001 物流订单创建时间 2014.06.19 00:02
RF241447116SG 30038210415804 递四方速递：4PX 新加坡小包(递四方) 发往 4PX广州 在线咨询： 等待仓库收货 打印发货标签 填写发货通知 查看
物流订单号：20305500 物流订单创建时间 2014.06.18 23:25
UR906813603YP 30024749075804 燕文：YW 航空专线-燕文 发往 北京仓库 在线咨询： 等待仓库收货 打印发货标签 填写发货通知 查看

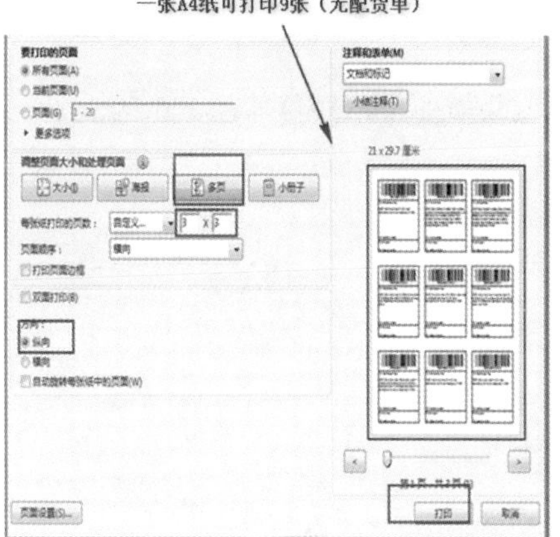

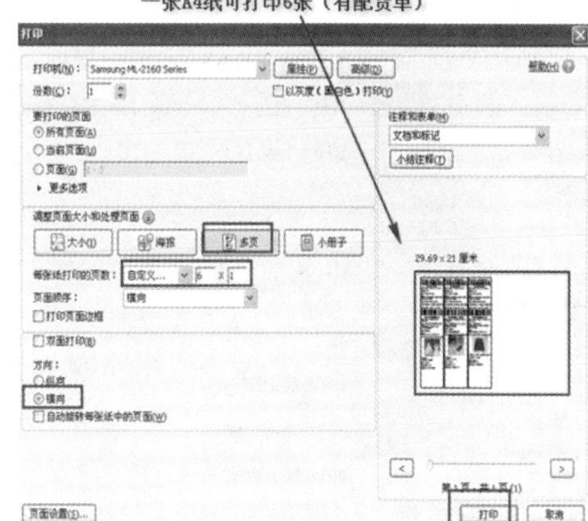

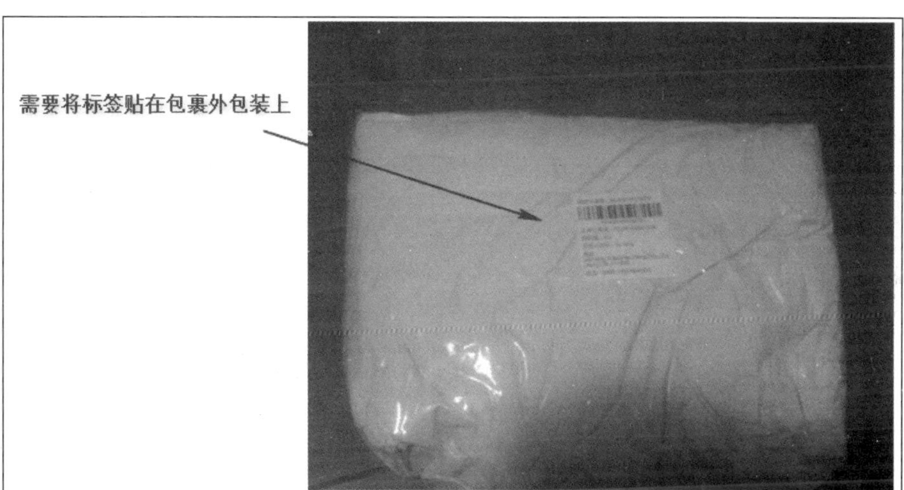

step ⑤ 交货给物流商

符合物流商揽收规则的包裹物流商会上门揽收
不符合揽收规则的包裹需要卖家自行发货到仓库
查看物流商揽收规则：
1. 新加坡小包（递四方） 2. 中俄航空Ruston 3. 航空专线-燕文

step ⑥ 填写发货通知
物流订单创建成功后，系统会生成运单号给卖家填写发货通知
我的速卖通
产品管理
交易
站内信
网站设计
账号设置
营销中心
数据纵横
管理订单
所有订单
退款&纠纷
订单批量导出
管理线上发货物流订单
国际小包订单
国际快递订单
E邮宝订单
批量线上发货
物流方案查询
地址管理
投诉管理
资金账户管理
放款查询
支付宝国际账户
交易评价
国际小包订单
联系仓库
交易订单号
国际物流单号
物流订单号
待填写发货通知
全部仓库
创建时间：
mm-dd-yyyy
搜索
状态：
全部订单
等待仓库收货（5286）
待支付（6165）
等待仓库发货（36）
待填写发货通知（5305）
批量填写发货通知
支持批量填写
国际物流单号
交易订单号
国内物流信息
发往仓库
物流订单状态
操作
物流订单号：20307644
物流订单创建时间：2014.06.19 23:38
点击按钮填写发货通知
RF241070032SG
1005664014
递四方速递：4PX
新加坡小包(递四方)
发往 4PX深圳
在线咨询：
等待仓库收货
打印发货标签
填写发货通知
查看
物流订单号：20700001
物流订单创建时间：2014.06.19 00:02
RF241447116SG
30038210415804
递四方速递：4PX
新加坡小包(递四方)
发往 4PX广州
在线咨询：
等待仓库收货
打印发货标签
填写发货通知
查看

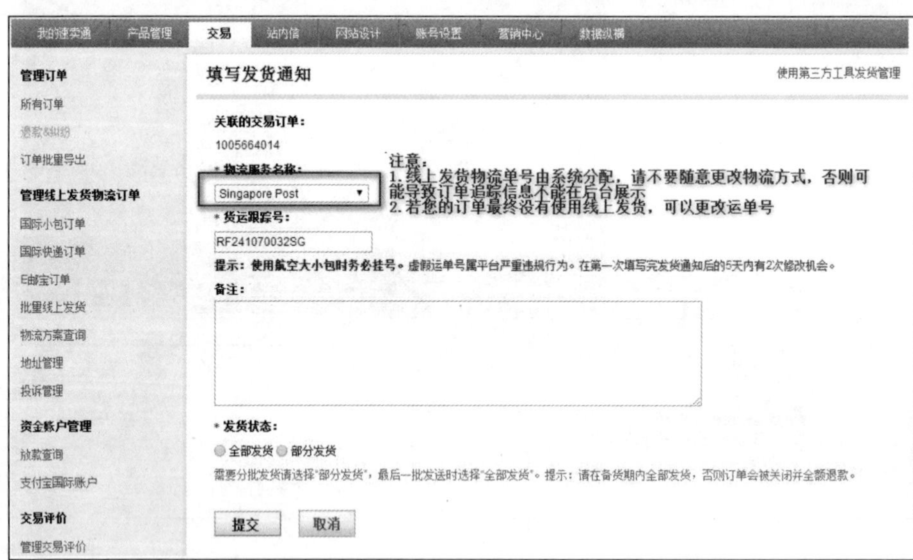
我的速卖通
产品管理
交易
站内信
网站设计
账号设置
营销中心
数据纵横
管理订单
所有订单
退款&纠纷
订单批量导出
管理线上发货物流订单
国际小包订单
国际快递订单
E邮宝订单
批量线上发货
物流方案查询
地址管理
投诉管理
资金账户管理
放款查询
支付宝国际账户
交易评价
管理交易评价
填写发货通知
使用第三方工具发货管理
关联的交易订单：
1005664014
* 物流服务名称：
Singapore Post
注意：
1. 线上发货物流单号由系统分配，请不要随意更改物流方式，否则可能导致订单追踪信息不能在后台展示
2. 若您的订单最终没有使用线上发货，可以更改运单号
* 货运跟踪号：
RF241070032SG
提示：使用航空大小包时务必挂号。虚假运单号属平台严重违规行为。在第一次填写完发货通知后的5天内有2次修改机会。
备注：
* 发货状态：
全部发货
部分发货
需要分批发货请选择"部分发货"，最后一批发送时选择"全部发货"。提示：请在备货期内全部发货，否则订单会被关闭并全额退款。
提交
取消

我的速卖通
产品管理
交易
站内信
网站设计
账号设置
营销中心
数据纵横
速卖通官方微博
+关注
批量发货
使用第三方工具发货管理
速卖通卖家手机客户端
手机也能回询盘、接订单啦!
点击下载
您可以手动填写发货信息，也可以使用表格批量上传发货信息。
使用表格上传发货信息：第一、请下载模板；第二、上传填写好发货信息的表格。
支持批量填写运单号
选择文件
未选择文件
上传表格
订单号
* 发货状态
* 物流服务名称
* 货运跟踪号
备注
1005664014
全部发货
Singapore Post
RF241070032SG
30038210415804
全部发货
Singapore Post
RF241447116SG

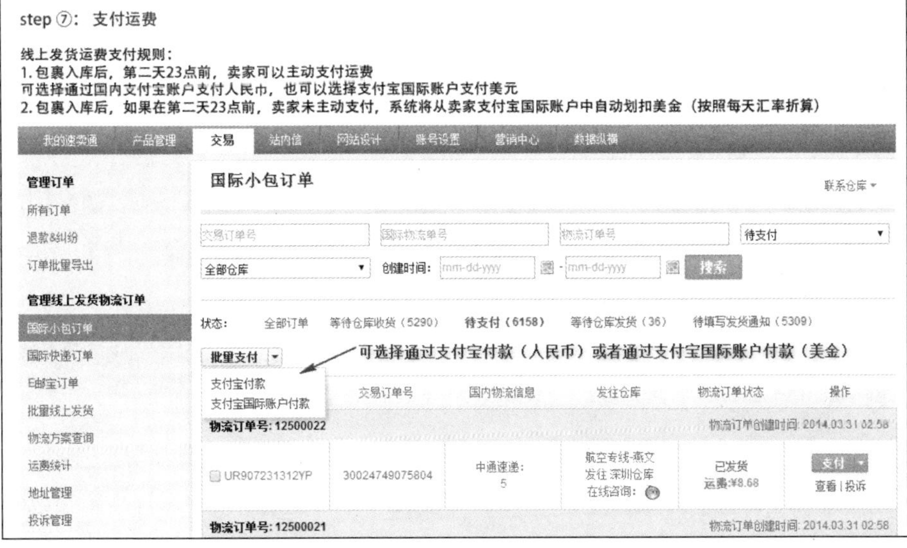
step ⑦：支付运费
线上发货运费支付规则：
1. 包裹入库后，第二天23点前，卖家可以主动支付运费
可选择通过国内支付宝账户支付人民币，也可以选择支付宝国际账户支付美元
2. 包裹入库后，如果在第二天23点前，卖家未主动支付，系统将从卖家支付宝国际账户中自动划扣美金（按照每天汇率折算）
我的速卖通
产品管理
交易
站内信
网站设计
账号设置
营销中心
数据纵横
管理订单
所有订单
退款&纠纷
订单批量导出
管理线上发货物流订单
国际小包订单
国际快递订单
E邮宝订单
批量线上发货
物流方案查询
运费统计
地址管理
投诉管理
国际小包订单
联系仓库
待支付
全部仓库
创建时间：
搜索
状态：
全部订单
等待仓库收货（5290）
待支付（6158）
等待仓库发货（36）
待填写发货通知（5309）
批量支付
可选择通过支付宝付款（人民币）或者通过支付宝国际账户付款（美金）
支付宝付款
支付宝国际账户付款
交易订单号
国内物流信息
发往仓库
物流订单状态
操作
物流订单号：12500022
物流订单创建时间：2014.03.31 02:58
UR907231312YP
30024749075804
中通速递：5
航空专线-燕文
发往 深圳仓库
在线咨询：
已发货
运费:¥8.68
支付
查看 | 投诉
物流订单号：12500021
物流订单创建时间：2014.03.31 02:58

支付完成后可以统计运费并下载运费报表
我的速卖通
产品管理
交易
站内信
网站设计
账号设置
营销中心
数据纵横
管理订单
所有订单
退款&纠纷
订单批量导出
管理线上发货物流订单
国际小包订单
国际快递订单
E邮宝订单
批量线上发货
物流方案查询
运费统计
地址管理
投诉管理
运费统计
物流服务名称：全部
支付方式：全部
支付时间：
搜索
213条运费明细
点此下载
可下载运费报表
总计: CNY 3230.91, USD 16.7
物流订单号
物流服务名称
支付时间
运费
支付方式
12500023
航空专线-燕文
2014.06.26 04:23
USD0.05 (CNY0.30)
支付宝国际账户（Alipayaccount）美元账户，汇率:6.2195
支付宝国际账户（Alipayaccount）

速卖通线上发货视频教程以及第三方软件操作教程和 API 接口信息请参考以下链接：

http://seller.aliexpress.com/so/onlinelogistics_help.php

3.2.2 线下发货流程

线下发货是相对于线上发货而言的，除了线上的物流渠道，卖家用任何其他非线上物流方式发运订单统称为线下发货。

线下发货是跨境电商的传统发运方式，可以通过邮局或者四大快递官方来发运，但更多的还是选择和货代公司合作。

公司规模稍微大一点或者日常订单数量稍微多一点的卖家，可以试着和邮局或者四大快递直接谈合作。但一般的中小卖家日常订单的量不足以和邮局或者四大快递公司谈到一个合适的折扣，所以，就很有必要借助货运代理公司来拿到优势折扣价。

货运代理公司简称货代公司，俗称货代。货代公司往往和邮局或者四大快递有着较好的合作关系，他们能拿到很有优势的折扣。如果我们尚无法和邮局或者四大快递官方谈合作的话，把货交给货代公司是一种不错的选择。

事实上，几乎所有的大小卖家每天都要和货代公司打交道，这已经是一条很完善的产业链了，我们只要做好产品和服务，把货打包好就行，货代公司自然会处理好接下来的事情。

每一家货代公司都有着自己的优势渠道，通常会覆盖中邮挂号、E 邮宝、HKDHL 等常规渠道，但每一家货代所给出的折后价都略微不同，卖家朋友可以参考周边货代公司的报价，选择适合自己的。但这不是说越便宜就越好，货代公司的服务、口碑还有责任心也很重要。

相对于线上发货的正规、正式、限制多，货代公司可以提供一些特殊渠道供我们选择，比如发带电池产品，甚至有些货代公司可以发纯电池产品。这需要大家在平时的接触中多方面了解，因为这些渠道往往不是很稳定，比如上个月还可以发但这个月突然就不能发，或者上个月价格便宜但这个月突然间就涨价了等。

部分货代公司还可以提供一些专线或者类似于专线的服务，比如中环运的俄邮宝，就是专门为俄罗斯发大货开设的，价格比 EMS 便宜很多，同样可以全程跟踪，而且限时送达。类似这样的专线服务几乎每一家规模大一点的货代公司都有开设，我们需要平时积累这方面的信息，以备不时之需。

货代公司还非常配合我们跨境电商的作息时间，从中午开始上班一直工作到晚上在货代圈里是很普遍的事情。加上跨境电商一般要到晚上八点左右才能把货打包好，所以一些负责任的货代公司收走货之后为了当天发走，处理到深夜十二点甚至第二天凌晨是很正常的事。

给线上发货和线下发货做一个对比，如表 3-2 所示：

表 3-2　线上和线下发货对比

线上/线下发货	特　点	说　明
线上发货	便宜	线上发货的便宜是指速卖通平台利用自身优势为广大卖家跟物流商谈了一个非常有优势的价格，哪怕只发一件也是优势价格。
	网规保护	网规保护是指通过线上发货的订单万一起了纠纷可以不需要我们提供发运证明，这为广大卖家节省了很多时间。同时在订单 DSR 方面可以避免物流低分，这对账号卖家服务等级的改善有很大帮助。
	照顾货代行业不发达的城市	线上发货可以把包裹寄到各物流商在国内的仓库里，然后物流商再做处理。这一点可以很公平地照顾到内地货代行业不发达的城市，打消了内地卖家的疑虑，降低了进入门槛，为速卖通在全国范围内的推广打下了坚实基础，是一种革命性创举。
线下发货	方便	在跨境电商发展成熟的地区往往邮局、四大快递和货代公司及相关配套也很成熟。联系物流商的方式齐备，实体店面、电话、QQ、甚至还有专门的客户经理，不管是把货送到网点去发还是请物流商上门收货都很方便。
	渠道多	渠道多是相对于线上发货来说的，因为毕竟不是任何产品都能符合严格的线上发货要求，例如带电池甚至纯电池产品，但是这类产品放到线下发货则相对较好处理。部分货代公司甚至还开设了一些特色渠道，例如可以走品牌货的渠道等，这需要我们灵活操作。
	系统间无缝衔接	系统间无缝衔接有两层含义，一是物流公司或者货代公司的内部系统可以和我们卖家所使用的 ERP 系统很好地对接，比如直接生成 DHL 跟踪号。二是物流公司或者货代公司可以很好地配合我们日常发货的作息时间，比如晚上八点请货代公司过来收货等。

线下发货是不是简简单单地把货打包好，然后请货代公司过来收货就可以了呢？

不是。

采购——质检——打包——发货是一系列的过程，为了让发货更加快速高效、加快资金周转，我们有必要优化自己的流程来很好地配合货代公司操作，从而让货物快速上网，给客户更好的体验。

跨境电商公司和货代公司最典型的配合运作流程如表 3-3 所示：

表 3-3　配合动作流程

跨境电商公司		时间段	货运代理公司
其他部门	仓　库		
业务部汇总订单出货情况 业务部汇总问题件信息 业务部录入昨天晚上的订单到系统（或者自行制单）	整理问题件信息 整理物料需求	9:00-11:00	
采购部汇总产品需求、制订采购计划 采购部向供应商订货 采购部开始网采 采购部处理客退或者质检不良产品	跟货代公司核对昨天收货情况 向货代公司反馈新的问题件，提出查件要求或索赔 向货代公司提出物料需求	10:00-12:00	配合客户核对昨天收货情况 配合客户查件 配合客户索赔 开始准备客户所需物料（条码、报关签条、包装材料等） 整理安检退件或者国外退件
采购部到市场上采购 几天前的网采产品陆续到货	根据订单制作单据 整理退件	14:00-16:00	货代公司分布在各批发市场周围的实体店面开始营业，发货量较少的卖家可以从市场拿货提过去现场打包发货
业务部将白天接到的订单录入系统（或者自行制单）	继续制单 质检 配货 开始打包	16:00-18:00	货代公司分布在各批发市场周围的实体店面开始陆续派出员工到批发市场里的客户那里收货
	继续打包 按不同货代公司、货代公司的不同渠道将包裹分类 请货代公司收货	18:00-20:00	货代公司的司机师傅开着车往各大电商公司跑，送前一天积累的退件，送当天订的物料，收当天打包好的包裹
		20:00-24:00	货代公司操作部的员工开始处理司机师傅收回来的件，为了不留件过夜，基本上要忙到第二天凌晨

从上表可以看出，不管是大卖家还是小卖家都要和货代公司打交道，而且，货代公司配不配合、负不负责任很重要。因此，选择一家负责任的、配合我们操作的货代公司显得至关重要，甚至从某种意义上来说货代公司的服务可以超越价格成为决定性因素。

市面上的货代公司服务水平良莠不齐，为了让我们卖家得到更多实惠和便利，速卖通平台联系了部分做事可靠、服务态度好、价格相对有优势的货代公司为我们服务，各位卖家朋友可以根据自身情况来做合适选择。详见如下“物流服务商推荐区”链接：

http://seller.aliexpress.com/so/freight.php

3.3　物流网规介绍

物流网规主要分为两个部分，一部分是常见的物流网规，另一部分是 ODR 相关的网规。因为平台规则更新变化频繁，所以本节所提到的网规适用于稿件截止之日，具体更多细节还以平台规则频道里实时查询的物流相关条款为准。平台规则频道见如下链接：

http://seller.aliexpress.com/education/rules/home.html

3.3.1　常见物流网规

常见物流网规主要是指《全球速卖通平台规则（卖家规则）》第四章 交易里的 4.4 物流一节，具体内容如下：

4.4.1　全球速卖通只支持卖家使用航空物流方式，支持的物流方式包括 UPS、DHL、FedEx、TNT、EMS、顺丰、中国邮政、香港邮政航空包裹服务及其他全球速卖通日后指定的其他物流方式。

4.4.2　卖家发货所选用的物流方式必须是买家所选择的物流方式，未经买家同意，不得无故更改物流方式。

4.4.3　卖家填写发货通知时，所填写的运单号必须真实并可查询。

4.4.4　卖家如果以航空小包方式发货，必须进行挂号。

4.4.5　过去 30 天内小包“未收到货”纠纷≥2 笔且小包“未收到货”纠纷率>

15%的卖家会员，速卖通有权限制卖家使用航空大小包。

4.4.6 卖家需要谨慎选择物流发货渠道，平台鼓励卖家选择速卖通提供的线上发货物流渠道。全球速卖通只认可以下物流跟踪信息：线上发货物流跟踪信息、各国邮政官网、UPS 官网、DHL 官网、FedEx 官网、TNT 官网、TOLL 官网、顺丰官网、EMS 官网提供的物流跟踪信息。对于无法核实真伪的物流跟踪信息，速卖通有权不予认可。

小贴士

有关“未收到货”纠纷的小贴士：

定义：卖家发货后，买家经过长时间等待却依然无法收到包裹。在买卖双方就此问题无法协商一致的情况下，买家以没能收到商品为由提起的纠纷案件。

一、平台纠纷仲裁新规则

当纠纷订单同时满足以下两个条件时：

（1）买家以“未收到货”发起的纠纷；

（2）订单物流信息不全或在承诺运达时间内，无法查询到妥投信息。

速卖通平台将认定该笔纠纷订单存在物流异常的状况（例如：丢包、未出境等），卖家针对这类纠纷案件，需在平台给到的响应期内，登录投诉举报平台，提供物流妥投或买家实际已收到货物的凭证。若限期内无法提供，速卖通平台将直接按照买家申请的金额退款并关闭该纠纷案件。

注：当个别国家或地区在一段时间内，遇到因某些不可抗力（如洪水、暴雪等灾害性天气）引起的包裹派送大面积延误时，速卖通平台会视情况做政策上的应变，并在第一时间告知买卖双方。

二、邮政大小包风险提示

（1）货运周期较长，邮政运力有限；

较长的货运周期和随时可能发生的积压滞留，将直接影响到您的回款速度。

（2）丢包率较高；

丢包将直接导致纠纷产生，最终货款两失。

（3）货运追踪信息不全。

根据平台放款及纠纷规则，若无法追踪到物流妥投信息，平台将不会自动放款。因此，使用航空包裹不仅可能影响到您的回款速度，同时也可能造成账号纠纷率及仲裁率指标的明显上升。

各位卖家在使用邮政大小包时，务必评估邮政包裹的风险，避免后期产生回款慢或纠纷率高等问题。特别当大小包物流渠道拥堵的情况下，建议使用商业快递（EMS、DHL、UPS、FedEx、TNT）或其他渠道畅通的物流方式。

3.3.2　ODR 相关网规

与 ODR 相关的网规主要是指《全球速卖通平台规则（卖家规则）》第八章卖家保护政策，具体内容如下：

第八章　卖家保护政策

适用范围：

为了给买卖双方提供一个公平、安全的交易环境，确保卖家可以放心地在速卖通平台上进行经营，协助卖家降低不可控因素的影响，平台特此制定了如下政策。

一、物流相关

采用线上发货物流方式的订单。如果产生买家不良体验订单，且该不良体验仅发生在“DSR 物流服务 1 分”和由于物流原因引起的“仲裁提起”2 项中，则该笔订单相关的“DSR 物流服务 1 分”、“仲裁提起”将不计入“买家不良体验订单”的考核。该笔订单的“仲裁有责”将不计入“卖家责任裁决率”中。

二、不可抗力事件相关

交易期间突发不可抗力事件（如：2014 年 5 ~ 6 月份的巴西大规模罢工事件），平台会根据不可抗力事件的具体情况，对因该事件引起的 “成交不卖”、“仲裁提起”、“仲裁有责”订单是否计入相关指标进行综合判断，具体的判定和范围以平台公告为准。

卖家朋友在物流方面经常碰到的两个困惑：

（1）标题写不写 Free Shipping

写 Free Shipping 的目的是为了告诉客户这是包邮的，但部分卖家朋友在不是全球包邮的产品标题里也写了 Free Shipping，这样就给自己留下了隐患。因为如果不包邮国家的客户下单买了产品，我们就收了他的邮费，他就有理由以与描述不符来展开纠纷（标题写了 Free Shipping 但不免邮）。而且我们产品所使用的运费模板里免邮的国家和地区的客户搜索的时候搜索结果自带 Free Shipping 的提示，不需要我们在标题里再提示一次，更何况现在标题里写 Free Shipping 也没什么加权作用。所以，标题可以不用写 Free Shipping。

（2）平台活动会锁定运费模板

这是一个老生常谈的话题，一旦产品选上平台活动，修改运费模板对这个产品就不起作用了。这样做是为了防止部分卖家妄图采用低价报活动然后调高运费的形式来赚取利润，“运费倒挂”会给客户带来相当差的购物体验，不可取。

第 4 章

跨境电子商务与国际物流管理

本章要点：

- 跨境电子商务环境下的国际物流概述
- 跨境电子商务国际物流服务与成本管理
- 跨境电子商务的库存决策与库存管理
- 跨境电子商务物流系统与信息管理

随着跨境电商全球化进程的飞速发展，跨境电子商务与国际物流之间相互影响、相互制约的关系已经成为了一个新的课题。跨境电商的飞速发展必然为国际物流的发展提供新的契机，并将物流业水平提升到前所未有的高度；而国际物流作为跨境电商中最重要的组成部分，随着它自身体系的不断发展以及国际物流运输渠道的不断成熟和多元化，也对跨境电子商务的物流应用和发展起到了推动的作用。两者之间有着相互影响、相互促进、相互制约、相互发展的关系。

4.1 跨境电子商务环境下的国际物流概述

1．跨境电子商务的概述

跨境电子商务是指发生在不同国家及不同地域之间的，通过互联网平台或者移动终端所进行的，它包括 B2B、B2C、C2C、B2B2C 等类型的一切产品及服务等交易活动的全过程。

2．跨境电子商务环境下国际物流的概述

跨境电子商务国际物流是指网上平台销售的物品从供应地到不同国家地域范围接收地的实体流动过程。包括了国际运输、包装配送、信息处理等环节。

4.1.1 跨境电子商务与国际物流的关系

跨境电商进入 3.0 时代，国际物流已经成为影响跨境电子商务发展最重要的因素。

1．跨境电子商务与国际物流有着相互促进的关系

跨境电子商务要求国际物流进行多元化的渠道整合，提供全球化的高效服务，并且对国际物流作业效率的系统性和智能性提出了标准化的要求。那么，高效的国际物流体系为跨境电子商务带来了更低的物流成本和更好的物流体验，国际物流的全球化也促进了跨境电子商务的市场发展范围。

2．跨境电子商务和国际物流有着相互依存的关系

对于跨境电子商务企业而言，产品是王道，物流是链条。国际物流是其运作过程的重要保障，整个跨境电子商务活动都需要国际物流来完成。在跨境电子商务运作过程中，不同的交易方式会产生不同的物流模式。跨境电子商务企业的成本中，采购成本、人工成本、物流成本占据了很大的比例，其中物流成本的比重大概在 20% ~ 25% 左右。如果没有多元化的国际物流体系为跨境电子商务服务，则这些物流成本的比重还会更大。所以，跨境电子商务与国际物流不仅仅是相互促进、相互制约的关系，更重要的是相互依存的关系。

4.1.2　跨境电子商务的国际物流特征

随着跨境电子商务的高速发展，适应跨境电子商务需求的各种类型的国际物流服务衍生出来。根据物流功能的不同，我们可以把国际物流划分为很多种类：其中商业快递、邮政快递、国际物流专线、海外仓物流等是跨境电子商务企业选择最多的国际物流类型。区别于传统物流，跨境电子商务国际物流强调了以下特征：

1．物流速度反应快速化

跨境电子商务要求国际物流上下游的物流配送需求反应的速度非常快速，前置时间和配送间隔越来越短，商品周转和物流配送时效越来越快。

2．物流功能的集成化

跨境电子商务将国际物流与供应链的其他环节进行集成，包括物流渠道与产品渠道的集成、各种类型的物流渠道之间的集成、物流环节与物流功能的集成等。

3．物流作业的规范化

跨境电子商务国际物流强调作业流程的标准化，包括物流订单处理模板、物流渠道的管理标准等，使复杂的物流作业流程变成简单的，可量化的，可考核的物流操作方式。

4．物流信息的电子化

跨境电子商务国际物流强调订单处理、信息处理的系统化和电子化，用 ERP 信息系统功能完成标准化的物流订单处理和物流仓储管理模式。通过 ERP 信息系统对物流渠道的成本、时效、安全性进行有效的 KIP 考核，以及对物流仓储管理过程中的库存积压、产品延迟到货、物流配送不及时等进行有效的风险控制。

4.1.3 跨境电子商务的国际物流模式

跨境电子商务网上订单交易完成以后，如何使用最优的物流方式把货物快速地送达到客户的手中，完成客户良好的产品体验，物流方式的选择非常重要。速卖通平台上的小型卖家一般会选择平台的线上发货，根据产品的客单价以及客户的时效需求选择邮政小包裹物流服务，或者商业快递等。总结出来，跨境电子商务的国际物流模式有以下几种：

1．邮政包裹模式

邮政网络覆盖全球220个国家，比其他任何物流渠道网络覆盖都要广泛。邮政包裹模式得益于万国邮政联盟，成员国之间的低成本结算使邮政包裹，特别是邮政国际航空小包裹的物流成本非常低廉，具有很强的价格竞争优势，一般按g收费，2kg以内的包裹基本以函件的价格结算，大大提高了跨境电子商务产品综合售价的优势。万国邮政联盟会员国之间的海关清关便利，也使得邮政包裹的清关能力比其他商业快递要强很多，产生关税或者退回的比例相对要小很多。邮政成员国之间强大的网络覆盖，也使得邮政包裹送无不达，经济发达的欧美国家物流时效很有保证。例如：从中国发往美国的邮政包裹，一般15天以内可以到达。据不完全统计，中国出口跨境电商70%的包裹都是通过邮政系统投递，其中中国邮政占据50%左右。中国卖家使用的其他邮政包括香港邮政、新加坡邮政等。

2．国际商业快递模式

国际商业快递四大巨头，即DHL、TNT、FedEx和UPS。这些国际快递服务商通过自建的全球网络，利用强大的IT系统和遍布世界各地的本地化服务，为跨境电子商务平台网购中国产品的海外用户带来极好的物流体验。商业快递的时效基本在3～5个工作日，最快可在48小时内把货物送到买家手中。然而，优质的服务伴随着昂贵的价格。区别于邮政小包裹模式的按g收费的标准，商业快递收费标准则是500g为一个收费单位，所以跨境电子商务的商家一般把商业快递作为批发大批量货物时的最佳选择，以及客单价较高或者是邮寄样品等对时效要求较高的物流选择。

3．专线物流模式

跨境专线物流一般是国际物流服务商通过航空包舱方式把货物运输到固定的国家或者区域（如欧洲），再通过自身在目的国的派送网络或者第三方物流服务商来完成派送的物流模式。专线物流的优势在于其能够集中大批量到某一特定国家或地区的货物，通过规模效应降低成本。因此，其价格一般比商业快递低。在时效上，专线物流稍慢于商业快递，但比邮政包裹快很多。市面上最普遍的专线物流产品是美国专线、欧洲专线、澳洲专线、俄罗斯专线，中东专线、南美专线、南非专线等。

4．海外仓储模式

海外仓储服务指物流服务商为卖家在销售目的国进行货物仓储、分拣、包装和派送的一站式管理服务。海外仓储的成本包括头程运输、仓储管理和本地配送三个部分。头程运输：中国商家通过海运、空运、陆运或者联运将商品运送至海外仓库。仓储管理：中国商家通过物流信息系统，远程操作海外仓储货物，实时管理库存。本地配送：海外仓储中心根据订单信息，通过当地邮政或快递将商品配送给客户。

4.1.4　跨境电子商务国际物流与传统物流的差异性

无论是跨境电子商务的国际物流还是传统物流，都是在一定可控的成本下基于对物品的实体流动过程，这是两者的共同点。但是跨境电子商务对物流的具体要求又不同于传统物流，两者的差异性体现在：

（1）跨境电子商务“多品种，小批量，多批次，周期短”的运营模式对物流的敏捷性和柔性提出了更高的要求，跨境电子商务网上交易后对物流信息的更新强调了库存商品快速分拣配送的原则，而多元化的物流渠道的选择也符合了跨境电子商务对国际物流的柔性需求。而传统的商业模式“少品种、大批量、少批次、长周期”的运营模式决定了传统物流的固化性和单一性。

（2）物流功能性的附加价值不同。对于跨境电子商务商家来说，国际物流不仅仅只是运输的功能，终端客户的产品体验也包括了国际物流的时效体验，甚至国际物流的成本决定了产品的竞争优势；而传统物流除了运输的功能以外，附加价值体现并不明显。

（3）跨境电子商务国际物流强调整合化和全球化，而传统物流强调的是“门到门”、“点对点”。

（4）跨境电子商务的国际物流是主动服务，传统物流是被动服务。前者是产品、物流、信息流、资金流的统一，交易完成后主动把物流信息发送给客户，并时时监控货物直到完成投递。后者只是完成物品的运输，信息流往往在货物送达以后才发生。

（5）跨境电子商务国际物流注重 IT 系统化、信息智能化。在跨境电子商务的推动下，以信息技术为核心，对国际物流全过程进行优化。现在各大国际物流服务商致力于开发技术领先的物流 ERP 系统，以期望提供更全面、更简单的物流信息操作模式，实现跨境电子商务网上购物的一体化和智能化。而传统物流的传统作业流程相对固定，且变通性不强，是单一环节的管理，所以，对于 IT 系统的重视程度和智能化程度远远不如跨境电子商务的国际物流高。

小结

跨境电子商务国际物流就是在跨境电子商务的环境下，通过互联网在内的计算机网络或者移动客户终端所进行的一切产品及服务等交易活动的实物流动全过程。跨境电子商务物流具有快速化、集成化、规范化、电子化等特点。跨境电子商务国际物流发展的模式是多元化的，与传统物流相比较，跨境电子商务国际物流具有敏捷性与柔性的特点，更具有附加价值功能，跨境电子商务更强调系统化、电子化、信息化、标准化。跨境电子商务与国际物流是相互促进、相互制约、相互依存的关系。

4.2 跨境电子商务国际物流服务与成本管理

4.2.1 跨境电子商务国际物流服务与成本管理的关系

国际物流成本很大程度地影响着跨境电子商务的发展。基于跨境电子商务各个平台的曝光规则——按单品 SKU 的最低售价以及按照销售量的成交排名。这不仅要求你的产品采购成本控制要好，还要求与之对应的物流成本也要做到最优，才能综合你的产品的价格优势。除此之外，跨境电子商务终端客户的产品体验也包括了物流的时效体验，物流速度越快，终端客户收到的货物越及时，客户的产品体验越好，甚至这种良好的物流体验可以转换为二次订单，增加了电子商务企业的产品成交优势。反之，高成本的物流费用，时效不达标的物流体验，会严重地制约跨境电子商务企业的发展。

4.2.2　跨境电子商务产品定价与国际物流成本

（1）产品销售价格=（产品成本+平台交易费用+物流成本）×（利润率 +1）

（2）影响跨境电子商务物流成本的因素有以下几种：

① 产品的重量

2kg 以内的包裹，基于跨境电子商务平台包裹小而散的特征，80%的包裹重量都低于 2kg。在这种情况下，大多数商家选择的是各类型的邮政小包裹，比如中国邮政、香港邮政等，按 g 收费，资费便宜，可以设置免运费吸引买家。2kg 以上的包裹不适用于邮政小包，这类包裹适合走快递渠道和专线渠道，基本按 0.5kg 一个单位收费，运费昂贵，但是时效比邮政小包快，可以给客户更好的物流时效体验。

② 产品的体积

除了邮政小包裹基本是没有体积之外，其他专线和快递都是有体积的。所以你在设置运费模板的时候要先测量你的产品体积和重量，取大者计算运费。体积计算公式：（长×宽×高）/5000。

③ 物流妥投时效要求

样品和价值高的产品选择物流时效更有保障的渠道才能保证客户对时效的要求。

④ 产品属性分类

在计算和选择物流渠道及成本的时候，我们要注意物流渠道对走货产品属性的要求，有些渠道可以走带电类的敏感产品，有些物流渠道不可以走带电类的敏感产品。所以产品属性决定你选择的物流渠道，而不仅仅是物流成本价格。

4.2.3　跨境电子商务国际物流服务管理

（1）跨境电子商务国际物流服务管理的含义：

跨境电子商务国际物流服务管理，就是对跨境电子商务物流运作的计划、协调、控制和考核等。跨境电子商务物流服务管理的目的就是使各项物流渠道实现最佳的协调和配合，从而降低物流成本，提高物流效率。

（2）跨境电子商务国际物流服务管理的原则：

① 整体效益原则

跨境电子商务物流服务管理，不仅要求跨境电子商务物流本身的效益最大化、资源整合化、成本最优化，而且也要求与跨境电子商务物流服务相关的其他系统整体效益的最大化。

② 标准化原则

跨境电子商务物流服务管理按照物流操作的重复性和常规性，用物流 ERP 系统对物流的订单处理流程、包裹状态的跟踪流程、财务报表分析流程，以及物流服务管理的 KPI 考核流程进行标准化的体现和管理，实现自动化、智能化，提高管理效益。

③ 服务原则

跨境电子商务物流服务管理的核心在于对物流管理全过程的监控和协调。要掌握常规的物流风险，并且采取避免措施，用高效的、优质的服务体系，提供给客户最好的物流体验。

4.2.4 国际物流成本管理与控制

（1）国际物流成本管理的含义：

国际物流成本管理是对国际物流相关费用进行的计划、协调和控制。

（2）国际物流成本管理的理论：

① 物流成本冰山一角理论

在跨境电子商务环境中，国际物流冰山一角的成本理论早已存在。在跨境电商 1.0 时代和跨境电商 2.0 时代，以货源为王，谁有优质的货源，谁就有竞争的优势，那时的跨境电子商务是蓝海市场。物流成本对于商家来说是忽略管控的，那时的物流成本被跨境电子商务的商家认为是整体成本的冰山一角。

② 国际物流成本消减的乘法效应

在跨境电子商务的整体成本中，物流成本通常占据了销售额的 20%～22%。如果企业的月销售额为 1000W（包含物流成本），物流成本比率为 20%（200W）。当物流成本下降 5%，那么企业只需要 150W 的物流成本即可达到 1000W 的销售额。当企业物流成本保持 200W 时将产生 1333.3W 的销售额。如果我们假设利润率也保持不变为 20%，那么同样 200W 的物流成本，当物流成本下降 5%，利润则增加 66.66W。

（3）国际物流成本控制的策略：

① 通过整合物流综合方案来降低物流成本

跨境电子商务物流的需求是碎片化的，复杂且多样性。不同的产品属性，不同的重量体积，不同的国家地区，不同的物流渠道，计费方式和成本都是相差甚远。根据自身平台对物流的要求以及买家的需求来整合和优化最合适的物流线路，以达到成本最优。物流成本的降低，必然会带来销售额度的增加。

② 通过实现供应链管理和提高物流服务管理来降低成本

实现供应链管理不仅要求企业的物流体制效益化，同时，物流部门和产品部门、采购部门等都要加强成本控制。提高物流服务可以确保平台和账号等企业利益，同时也是降低企业物流成本的有效方法。

③ 通过 ERP 信息系统管理来降低物流成本

通过标准化的系统管理来实现物流的操作和订单处理，并且通过 ERP 标准化的流程来节约人工成本，实现企业用工的最优化。并且通过 ERP 系统监测和管控的物流数据对当前的物流状态和问题进行梳理和防范，让企业的物流管理成本大幅度下降，从而达到降低物流成本的目的。

小结

跨境电子商务国际物流服务是国际物流企业根据跨境电子商务企业或者个人的运输需要，为顾客提供的完成网上交易的一系列物流活动。对于跨境电子商务而言，优质的物流服务是提高客户满意度和销售竞争力的重要保障。买家良好的购物体验很大程度取决于物流服务的体验，良好的物流体验是二次订单率转换的很重要的因素。

国际物流成本管理是对国际物流费用进行的计划、协调和控制。国际物流的成本管理主要包括：整合最优的物流方案来提升产品竞争力，以及通过建立供应链管理来管控每个环节的成本，从而达到物流成本最优。物流成本的最优不仅仅是可以提升利润空间，也能很大程度地提高我们的销售额。

4.3 跨境电子商务的库存决策与库存管理

4.3.1 跨境电子商务的库存决策

跨境电子商务库存是指跨境电商企业在运营过程中的各个仓库点堆积的原材料、产成品和其他物质。

跨境电子商务的库存仓库一般分为国内仓库和海外仓库。形成的原因一般基于以下几个方面：降低运输与生产成本，协调供求关系，支持市场销售。

（1）降低运输和生产成本：

库存一方面会增加费用，另一方面也可以提高运输和生产效率，降低运输和生产成本，达到新平衡。在物流方面，国内仓库的商品从中国直发的基本都是小件商品，物流成本低，对运输时效的要求不会特别关注；海外仓库的商品可以互补国内直发没有物流优势的大件商品，以及对高要求的物流时效做出物流运输补充。在采购方面，批量采购的价格优势远远大于少量采购，从产品成本上给自己的销售提高了产品的竞争优势。

（2）协调供求关系:

无论是建立国内仓库还是海外仓库，最主要的目的就是协调供求关系。

（3）支持市场销售:

建立产品库存最大的目的就是支持市场销售，解决产品对销售需求的快速反应，甚至是缩短物流运输时间。

库存中的各项成本费用是库存决策的重要因素。

（1）采购成本：

采购成本由货物成本和订购成本组成。货物成本指产品的价格或者制造成本、货物的运输成本（如果你的采购价格不包括运输费用）、收货仓库的人工搬运或者加工检测成本。订购成本指采购人员的工资，以及各项交通通信费用、订单处理费用等。

（2）库存的持有成本：

在一段时期内存储或持有商品，就是库存的持有成本。主要包括商品对库存货架空间的占用成本、商品的资金占用成本、库存的服务成本，以及商品损坏、商品变质、商品短少等有关的库存风险成本。

（3）库存的缺货成本：

当库存供不应求的时候会产生缺货成本，包括失去销售机会的成本和保留订单的成本。

4.3.2　跨境电子商务的库存管理

（1）库存管理的概念：

跨境电子商务库存管理是指对跨境电子商务为了达到企业的财务运营目标，通过优化整体需求和供应链管理流程，设置合理的 ERP 控制策略，对企业内部仓库的各种物品、产品以及其他资源进行管理和控制，使其储备保持在合理的数据水平上，从而实现保证在及时交货发货的情况下，尽可能地降低库存水平，减少库存积压与报废，以及管控贬值风险的目的。

（2）跨境电子商务库存的管理可以从两个方面入手：

① 仓储空间的货架位规范

a. 区段式编号，把仓库区分成几个区段，再对每个区段编号，这种方式是以区段为单位，每个号码代表的一个存储区域。区段式编号适用于仓库库位简单，没有货架的情况，可以将存储区域划分为 A1、A2、A3 等若干个区段；b. 品项群式，把一些相关性强的商品经过集合后，分成几个品项群，再对每个品项群进行编号。这种方式适用于容易按商品群保管和所售商品差异大的卖家，如多品类经营的卖家；c. 地址式，将仓库、区段、排、行、层、格等进行编码，可采用四组数字来表示商品库存所在的位置，四组数字代表仓库的编号、货架的编号、货架层数的编号和每一层中各个格子的编号。对于如 1-12-1-5 的编号，可以知道编号的含义是：1 号库房，第 12 个货架，第 1 层中的第 5 格，根据货架位信息就可以迅速地确定某种商品具体存放的位置。

② 商品信息规范

此处商品信息的规范主要是指，商品的 SKU 信息、商品规格尺寸、中英文报关信息的条理化明晰化。商品信息的规范有利于进行库存商品的科学管理，合理的 SKU 编码有利于实现精细化的库存管理，同时有利于及时准确地拣货，提高效率，避免拣货失误。

小结

跨境电子商务的库存决策的目的是降低运输与生产成本，协调供求关系，支持市场销售。影响库存决策的三类重要成本，即采购成本、库存的持有成本、库存的缺货成本。在确定某种产品订购库存量不足时，需要对其相关成本进行权衡。跨境电子商务库存管理主要从仓储空间的货架位规范以及商品信息规范化着手，有利于高效地管理运作仓库，做到所有的产品 SKU 清晰明了，分拣产品流程化、标准化，提高工作效率。

4.4 跨境电子商务物流系统与信息管理

4.4.1 国际物流信息系统管理和 ERP 系统

国际物流信息系统管理的概念：

国际物流信息系统管理是对物流信息进行采集、处理、分析、应用、存储和传播的过程。在这个过程中，通过涉及物流信息活动的各种要素（人工、技术、工具等）进行管理。对于跨境电子商务企业来说，物流信息系统管理实现的是订单包裹的实施跟踪、转运、妥投等一系列物流跟踪数据管理，以及对产品物流成本的财务报表分析，是实施物流 KPI 考核的重要参考手段。

物流信息系统管理强调应用系统化和集成化观念来处理企业的经营活动中的问题，以求得系统整体化最优为目的，既要求信息处理的及时性、准确性和灵活性，也要求信息处理的安全性和经济性。

跨境电子商务 ERP 系统提供多渠道电子商务管理解决方案，支持多仓库、多品牌管理，为广大零售商户提供“一站式”信息系统服务。功能上囊括了采购管理、销售管理、接单管理、物流计划、仓储管理、价格体系管理、结算管理、发票管理、客户关系管理、报表管理。成功案例目前已经涵盖钟表、3C、鞋服、医疗器械等行业品类。

跨境电子商务 ERP 系统的订单管理示意图（如图 4-1 所示）：

绑定店铺
下载订单
审核订单
分配库存
库存不足
采购
入库
库存足
分配运单号\预报
打印订单捡货单
扫描发货（上传运单号）
纠纷退货
有纠纷
退货入库
无纠纷
订单结算

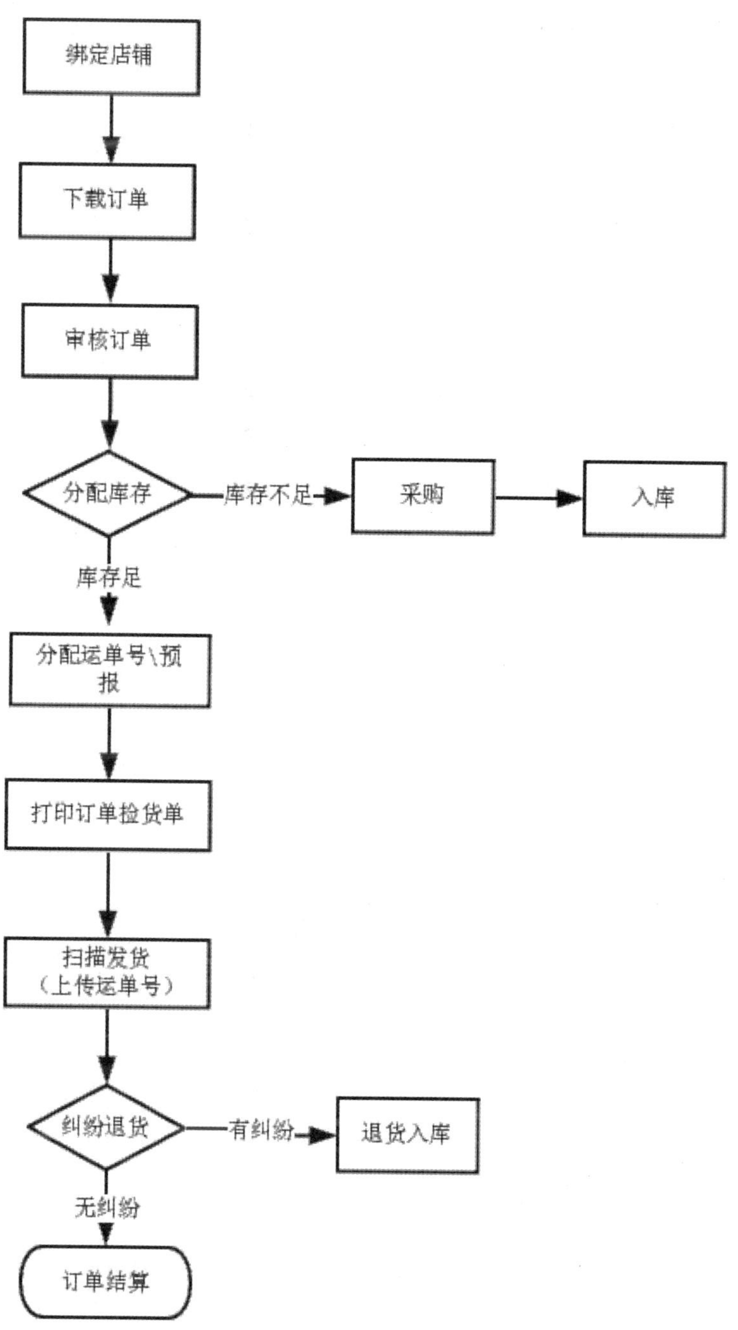

图 4-1　订单管理示意图

4.4.2 国际物流信息系统管理的主要目的和未来发展

从国际物流信息系统对提高企业高效管理的目的来看，主要体现在：

（1）改善物流企业内部流程和信息沟通方式，满足跨境电商客户以及业务部门对信息处理和共享的需求。

（2）提高办公自动化水平，提高工作效率，降低管理成本，实现成本优先的竞争优势。

（3）通过国际物流信息系统对货物的跟踪和监控，物流企业的各层管理者可以及时地掌握货物运输的情况，增加对业务的控制，为决策提供数据支持。

（4）为客户提供实时的货物跟踪，提供个性化服务，提高服务水平。

市场是变化的，用户对物流企业的要求，以及企业自身发展的需求也在不断地发生变化，信息技术本身也在不断地发生变化，因此国际物流信息处理系统会不断地在用户的需求上改进，不断地去完善，在完善的基础上再不断地改进，是一个循环完善的过程。

随着跨境电商的飞速发展，以及物流信息技术不断地提高，两者的衔接相辅相成。跨境电子商务利用物流信息系统提高企业管理的高效化、流程化和成本最优化；物流信息技术根据跨境电商不断改变的市场需求来调整自己的功能，改善跨境电商企业的物流流程。

综合国际物流信息发展趋势，未来物流信息的发展和应用体现在以下方面：

① 物流信息综合性更强

随着跨境电商全球化的进程，物流信息系统综合服务的能力更加显著。物流信息服务系统不仅要满足物流企业内部的作业需求，也要同时满足跨境电商企业对区域性仓库的库存管理，以及订单处理需求。两者在需求和功能上相互促进和完善。

② 专业性更强，接口趋于透明

随着跨境电子商务国际物流 10 年的发展和推进，跨境电子商务国际物流的各种运输方式更加完善和成熟，并且体现在了跨境电子商务国际物流对跨境电子商务企业的物流需求定制化上，完善了跨境电子商务物流碎片化的需求。相比传统物流开发商“大而全”的一体化物流解决方案而言，跨境电子商务物流信息系统更加专业地提供满足跨境电子商务企业的 B2B、B2C 的业务需求，并且对接专业的物流数据跟踪网站。

③ 决策支持功能的加强

国际物流信息系统不仅仅提高了物流企业内部的高效运营，它所体现的库存数据、包裹跟踪数据、物流成本财务数据都在很大程度上为跨境电子商务企业提供了企业管理的决策依据。

④ 自动化程度的不断提高

国际物流信息系统的自动化程度不断提高，体现在包括仓储设施和配送作业的自动化、智能立库的建设，甚至机器人分拣作业等。

小结

国际物流信息系统对跨境电子商务的发展起着至关重要的积极作用。它不仅能够改善物流企业内部流程和信息沟通方式，满足跨境电商客户以及业务部门对信息处理和共享的需求，还能实现跨境电子商务企业对货物的跟踪和监控，为决策提供数据支持。

国际物流信息系统未来的发展将更加专业化，综合信息的体现更加强大，自动化程度的作业也会得到广泛的应用和发展。

第 5 章

海关清关的常识

本章要点：

- 各目的国海关对进口货物的规定解析
- 出口货物的海关报关流程和退税流程
- 常见的海关清关问题解析
- 巴西海关清关案例

对于速卖通卖家来说寄了包裹以后，卖家是不是在等待客户收到包裹时会遇到买家包裹被扣在海关？这就需要我们对各国的规定有一定的认知，避免货物被各国海关扣下，甚至于触犯该国规定而受到各种处罚。

5.1　各目的国海关对进口货物的规定解析

5.1.1　俄罗斯

速卖通作为俄罗斯的最大的在线购物网站，俄罗斯海关毫无疑问是速卖通卖家一个重点要攻克的海关，下文将为读者解析俄罗斯的海关规定。

（1）出口到俄罗斯的快件不接受个人名义的包裹，因此发货人以及收件人必须为公司名义，如有一方是私人，快件未被送达目的地会直接安排退回，并且费用由发件人承担。

（2）俄罗斯只有莫斯科和圣彼得堡有快件包裹服务。

（3）俄罗斯不接受弃件，目的地清关失败，快件就会安排退回，退回的费用将由发件人承担。

（4）俄罗斯禁止以“生日礼物”、“圣诞礼物”等类似形式的礼品。

（5）俄罗斯海关禁止的产品：私人礼品、链条及别针类、珠宝、服饰类、珍贵金属及宝石类、酒精饮料类、烟草、卷烟类、易腐烂物品类。

（6）俄罗斯食品类产品进口必须收件人持有进口许可文件。并且因收件人没有持有进口许可文件的产品被退回发件方，产生的费用还是由发件方承担。

（7）如果货物（包括运费）超过 200 欧元，则需支付相关关税。

（8）征收税率：商业货物，海关征收关税为 20%申报价值+5%海关关税；对于私人物品，海关征收关税为 50%海关关税+20%申报价值。

5.1.2　巴西

巴西作为物价比美国高、但是收入却不到美国人均收入一半的国家，巴西人对便宜的商品孜孜以求。富有的巴西人去美国购物都是已经习惯了，那么对于普通的巴西人来说速卖通的出现就像是看到了黎明，迅速成为巴西的头号海淘网站。下文将为读者解析巴西的海关规定。

（1）国外寄到巴西的包裹如果估价超过 50 美元，那么所征收的关税最高达 60%。

（2）所有通过快件形式进口至该国的物品必须随货附上关税号或收件人的护照或公民证复印件，否则会造成 24～48 小时的清关延误。

（3）货物在运单和发票上没有备注 VAT NO.（收件人增值税号），将不做任何通知，直接退回始发地。

（4）巴西不接受无费用弃件，目的地清关失败，发件人选择弃件，需要支付每票至少 50 欧元的弃件费，否则国外会安排到付退回。

（5）一些偏远区或是未列明地区，不接受关税到付，税款必须由寄件人付。

（6）巴西海关对进口包裹进行 100%的查验。

（7）如果实际产品与你写的品名不符，将直接罚款 50 欧元。

（8）所有寄给当地私人的物品，同样的货物数量不能超过 3PCS，否则海关将拒绝清关而直接安排货件退回发货地（退件前不会有任何通知），所产生的一切运费均由发货人承担。

5.2 出口货物的海关报关流程和退税流程

5.2.1 海关报关流程

1．定义

海关报关是指出口货物的收货人、受委托的报关企业，按照海关的规定以及有关法律的要求，办理货物、物品、运输工具出境，采用电子数据报关单和纸质报关单的形式，向海关报告实际出口物品的情况，并接受海关审核的行为。

发货人可以自行向海关申报，也可以委托报关企业向海关申报。

2．申报流程

① 企业申报

出口货物的发货人，受委托的报关企业除海关特许外，应当在装货后的 24 小时以前向海关申报。这样的规定是为了在装货前让海关有充分的时间去查验货物，以保证海关正常工作。

如果在这一期限之前没有向海关申报，海关可以拒绝接受你的申报通关。这样，货物就得不到海关的检验、征税和放行，从而影响获取运输单据的时间，甚至导致延迟装运，违反合同。所以应该及早地向海关申报，做到准时装运。

② 海关接受申报

海关接受以电子数据报关方式或以纸质报关单方式申报。

以电子数据报关方式申报的，申报日期为海关计算机系统接受申报数据时的日期。

以纸质报关单方式申报的，申报日期为海关接受纸质报关单并对其进行登记处理的日期。

向海关申报时，需要提交以下单证：

海关出口货物报关单；

货物发票；

陆运单、空运单和海关进出口的提货单及海运出口的装货单；

货物装箱单；

出口收汇核销单；

海关认为必要时，还应交验贸易合同、货物产地证等。

③ 查验

海关在接受报关单位的申报并已经审核的申报单位为依据称为查验。

申报人应该派人到场协助查验，负责搬移货物、开箱和重封货物的包装，查验结束后，签名确认查验结果。

④ 征税

根据《海关法》的相关规定，进出口的货物除国家另有规定外，应征收关税。纳税人应到指定银行缴款。

⑤ 放行

a、在发货人或代理人如实向海关申报，缴纳应缴税款后，海关会在出口装货单上盖“海关放行章”，发货人凭此装船出境。

b、出口货物退关：发货人应当在退关日起三天内向海关申报退关，经海关核准后才能将货物运出监管场所。

c、签发出口退税报关单：海关放行后，在出口退税专用报关单上加盖“验讫章”和已向税务机关备案的海关审核出口退税负责人的签章，退还给报关单位。在单证操作上，应注意报关单上的有关内容必须与船公司传送给海关的舱单内容一致，才能核销退税。

⑥ 结关

结关是指对经口岸放行后仍需继续实施管理的货物，海关在固定的期限内进行核查，对需要补证、补税的货物作出处理直至结束海关监管的工作程序。

5.2.2 退税流程

出口货物退（免）税，是指在国际贸易中货物输出国对输出境外的货物免征其在本国境内消费时应缴纳的税金或退还其按本国税法规定已缴纳的税金（增值税、消费税）。

申报时需要提交的资料：

报关单（退税专用联），前提是在电子口岸的出口退税子栏目已交单；

进项发票（已认证）；

出口发票；

与出口退税有关的其他资料。

一般程序：

美金到账；

在国家外汇管理局申报；

结汇；

退税系统上申请；

交纸质资料到国税局，并由其审核；

公司备案，以防国税局来检查。

5.3 常见的海关清关问题解析

5.3.1 海关扣关

定义：交易订单的货物由于海关要求所涉及的原因而被进口国海关扣留，买家未收到货物。海关要求所涉及的原因包括但不限于以下原因：

（1）进口国限制订单货物的进口；

（2）关税过高，买家不愿清关；

（3）订单货物属假货、仿货、违禁品，直接被进口国海关销毁；

（4）货物申报价值与实际价值不符，导致买家须在进口国支付处罚金；

（5）卖家无法出具进口国需要的卖家应提供的相关文件；

（6）买家无法出具进口国需要的买家应提供的相关文件。

货物被进口国海关扣留时，常见的物流状态为：

handed over to customs（EMS）；

clearance delay（DHL）；

Dougne（法国，会显示妥投，但是签收人是 Dougne）。

卖家在纠纷裁决中需要做的：

速卖通在接到纠纷裁决之日起，2 个工作日内会提醒买家或卖家 7 天内提供海关扣关原因信息以及证据，根据信息和证据确定责任进行裁决。卖家在货物发出之后及时关注物流情况，出现异常时需要与买家和物流公司保持沟通，及时了解扣关原因并尽可能提供相关信息及证据。

5.3.2 清关不利

巴西、俄罗斯、印尼、阿根廷等国家清关会出现不同程度的延误。这一点需要在客户下单之后发货之前跟客户说明，达成一致再发货。

巴西的清关速度很慢，放在海关一两周很正常。推荐用 EMS，如果用 DHL 一类的商业快递，需要提供 CNPJNO.或者 CPFNO.，最好是前者。如果没有，清关速度会很慢，而且很大的可能会退回。走巴西如果货值不高，小包是个不错的选择。

印尼超过 10KGS 的货，会产生清关延误，所以尽量发小于 10KGS 的单票货。如果必须发，需要提前跟客户说明。

5.3.3 快件退回是否产生关税

当快件被退回时，您可以自己或者通过快递把货物当时出口的申报方式、被退回的原因等相关情况提供给海关，海关将会根据您所提供的情况，按照其相关的规定认定是否需产生进口关税。

5.3.4 买家拒绝支付关税

提前与买家协商关税问题

目的国关税的产生存在较大的不确定因素，各位卖家尽量在发货前与买家协商一致，如产生关税将由何方负担，避免因货物清关问题产生纠纷。

保留买家不清关证明

进口关税如产生（尤其是金额较高的惩罚性关税），买家可能会不愿意负担较高的关税，导致货物被退回或扣在海关。如买家因货物被扣关，而投诉没有收到货，平台会根据实际情况做出判断，请尽量保留物流出具的买家不清关证明，作为纠纷判决的有效举证。

5.4　巴西海关清关案例

5.4.1　案例一

需了解跨境贸易目的国海关进口政策，避免因进口清关因素导致的损失。

4 月份在阿里（国际站）收到询盘，然后跟巴西一位女客户聊天，谈到她喜欢笔者公司的产品。因为之前没有合作过的巴西客户，之前都是一些询盘，用葡萄牙语回复几次之后都没音讯了，不过笔者这位巴西客户还会点英语，所以我们还能进行简单的沟通。商谈差不多后她直接下单了。之前速卖通上巴西客户下单都是发 China POST 的，运输距离长一点，其他都没出现什么问题。因为客户要求用商业快递，于是找了家货代说 DHL 好清关，并且介绍了一系列的优点，然后笔者就给客户发了 DHL。这里需要提醒做跨境的卖家，挑选好的货代是很有必要的，有的货代并不专业，没有啥资质也不懂具体海关政策，他们有很多出口的注意事项和出口时需要准备的资料都不清楚，货物出口到接收国家需要注意一些事项也不知道。因此货代需要进行多方面的调查，并仔细观察，最好是找一些知名的货代公司或者熟悉的代理人，虽然经费可能会超出，但是你的货物有了保障，客户也会认可你，才会有意向跟你继续发展合作关系。

笔者问了货代出口巴西需要要注意什么，提供哪些资料，货代只跟笔者说要税号。于是让客户给了税号，客户提供了公司和个人的税号，笔者自己认为公司的会比较好清关，于是就提供了公司的税号给货代。过了段时间客户发邮件给笔者道货被海关扣押了。联系货代，货代告知也不知原因。咨询 DHL 服务电话，告知税号是公司的，但是收件人是个人，由于收件人是个人，个人不能进口那么多货物，必须要以公司的名义、公司的税号收货。DHL 退货很严格，退回运费要高出发货运费的好几倍。听从货代销毁将不会产生费用，海关又不进行销毁，结果货退回香港，这里产生了费用。如果在发货前找到靠谱的货代或者自己对海关政策有一定的了解就不会出现类似的事件。

这个案例告诉我们：

货代一定要挑选好，巴西不接收个人货物且收件人与税号一定要相符！

5.4.2 案例二

某出口企业出口巴西一个小柜的货物，因为装柜失误，货物重量出现了500公斤的误差。就这样，货物抵达巴西港口时，海关查验出现了问题，导致无法清关。客户只能缴纳几千美金罚款才可通关。因为这笔订单使用的是DP的结算方式，客户不愿意承担这部分的罚金，企业为了能够顺利地拿回货款，该出口企业只能自己负担这笔罚金。

这个案例提醒读者货物数据信息一定要准确！

5.4.3 案例三

深圳一家出口企业，接到巴西客户询盘，并且希望企业能够寄送样品。企业希望客户能与自己建立合作关系，答应免费提供客户需要的样品，通过DHL寄送到巴西。但是样品在巴西遭到了清关问题，海关指出，货物没有在运单、发票上注明收件人增值税号（VAT NO.），货物退回中国，来回运费还需要企业承担。

在第三例案例中，巴西有规定，寄往巴西的非文件类货物，无论收件人是个人或公司，关税由收件人支付，必须要在运单、发票上注明收件人的增值税号（VAT NO.）！

第 6 章

海外仓基础知识

本章要点：

- 海外仓选品规则
- 海外仓费用结构
- 海外仓商品运费模板设置
- 海外仓平台规则
- 关于海外仓商品涉及的增值税

海外仓集货物流是指为卖家在销售目的地进行仓储、分拣、包装及派送的一站式控制及管理服务。确切地说，海外仓集货物流包括了预定船期、头程国内运输、头程海运或头程空运、当地清关及报税、当地联系二程拖车、当地使用二程拖车运输送到目的仓库并扫描上架和本地配送这几个部分。

中国海外仓的管理方式能够大大地改善买家的购物体验，所以速卖通平台鼓励第三方物流公司以海外仓的形式给众多卖家提供服务。作为平台的管理理念，平台不直接参与海外仓的建设，但对于使用海外仓的卖家会予以特别的标志。对于当地的买家来说，他们更多会选择使用海外仓服务的卖家，来缩短送货时间以改善购买体验。

6.1 海外仓选品规则

随着跨境电商的发展，本地化服务的进一步升级，以及本地化体验的良好口碑，海外仓越来越成为未来跨境电商的必然趋势，那到底什么类型的产品才是最适合海外仓，在选品上应该注意些什么，下面就为大家解决海外仓选品的困惑。

首先，我们要对海外仓的产品进行一个定位，让我们可以进行初步的判断，哪些产品适合做海外仓，大致可以分为以下几种情况。

（1）尺寸、重量大的产品：因为此类产品的重量跟尺寸都已经超出了小包规格的界限，直接用国际快递的话，费用太过昂贵，而使用海外仓刚刚好弥补了这一缺点；

（2）单价和利润高的产品：海外仓的本地配送服务相对比于国际快递，丢包率跟破损率都可以控制在一个相较低的水平，对于卖家而言，可以降低高价值产品的意外损失率；

（3）高人气产品：这一类产品由于受到本地市场的热捧，货物的周转率会大大地加快，货物积仓的风险减小，而卖家也能更快地回笼资金。

通过上面几点，我们对适合做海外仓的产品有了一个初步的了解，有了相对应的判断依据，接下来，就让我们继续了解如何进行海外仓的选品以及需要注意的细节。

数据是最有说服力的，一个产品是否在当地市场热销，当地民众的偏好，甚至是具体到某一种产品的某个功能跟某种颜色，数据都可以告诉我们这些。我们从大量的平台数据中抽取出我们想要了解的产品，通过买家反馈的评论以及优秀卖家所展示的产品详情等，仔细整理这些零碎的信息，汇总起来，肯定会让我们有惊喜的发现。

数据的来源不仅仅限于平台的本身，通过第三方工具来获取也是个不错的选择，搜索词分析类的工具例如 Google AdWords 就是一个比较典型的代表。我们可以从 Google AdWords 测出某个词在当地的被搜索量，同时我们还可以获得一个不错的关键词，这个方法可谓是一举两得。

从现有数据去选品是方法之一，然而选品的方法并不局限于单纯的数据选品，一个产品的热销有很多促成因素，经济、政治、文化的都可能是其中的因素之一。要真正做好一个产品，我们在做到了解我们产品自身的同时也应该花精力去了解，愿意购买我们产品的都将会是哪些人，我们的产品应该怎么做才可以让他们喜欢。比如我们做个领带架应该做成什么尺寸的才最受欢迎，一把厨师刀什么尺寸什么材料当地人用的最顺手，可能当地最近又出台了一个什么政策规定超过多少尺寸的刀不能销售了，又或者当地的传统规定穿紧身毛衣的都是同性恋等，这些都是影响一个产品的因素，我们要明确、要去了解我们的产品受众。当我们理清了这些的时候，我们就可以做出一个优秀的产品，热销的产品，给我们带来丰厚利润的产品。

综上所述，目前海外仓选品一般有 4 种情况：a. 高利润、高风险，一些体积大且重量超重的物品，国内小包无法运输，或者运费太贵（如灯具、户外产品等）；b. 高风险、低利润，国内小包或快递无法运送（比如危险产品，美容美甲，化妆品等）；c. 低风险、高利润，日用快消品，非常符合本地需求，需快速送达的产品（工具类，家居必备用品，母婴用品）；d. 低风险、低利润，在国外市场热销的产品，批量运送更具优势，均摊成本（3C 配件，爆款服装）。在上述的 4 个类型中，第 1 和 3 类是比较适合做海外仓的，而第 2 和 4 类不太适合做海外仓，特别是 3C 配件这类利润并不是太高的产品。

通过对海外仓选品的介绍，在选出自己的海外仓产品后，我们需要对海外仓产品的费用进行计算，目前海外仓费用主要包括有头程费用+处理费+仓储费+尾程运费+关税/增值税/杂费。其中头程费用包括了空运、海运散货、海运整柜、当地拖车；而处理费则有入库费用、出库费用；仓储费则有淡季、旺季之分；最后的尾程运费有自由物流、Fedex、UPS、当地邮政之分。

知道了海外仓的费用构成后，我们可以对产品进行基础定价，海外仓产品成本主要包括了以下几点，成本 1：产品的采购成本+产品的国内运费；成本 2：产品的到仓成本（运费+仓储费+处理费+当地派送物流费用+关税等）；成本 3：平台扣点和计提损失。通过上述的成本分析，最后我们可以计算出产品的定价应该为成本 1+成本 2+成本 3+规划利润。

随着跨境电商行业的日渐兴盛，海外仓也将慢慢成为每个跨境电商从业者必不可少的“本领”之一，只有充分掌握好了海外仓的每一个细节，我们才能在竞争激烈的跨境大军里面脱颖而出，早日走上成功的道路。

6.2 海外仓费用结构

海外仓费用结构是指把仓库设立在海外（除中国大陆以外）而产生的一系列费用。可以通过自建仓库和使用第三方物流服务商公司的仓库。本章节讲解的处理费和仓储费用是使用第三方物流服务商的海外仓费用结构构成，如图 6-1 所示。

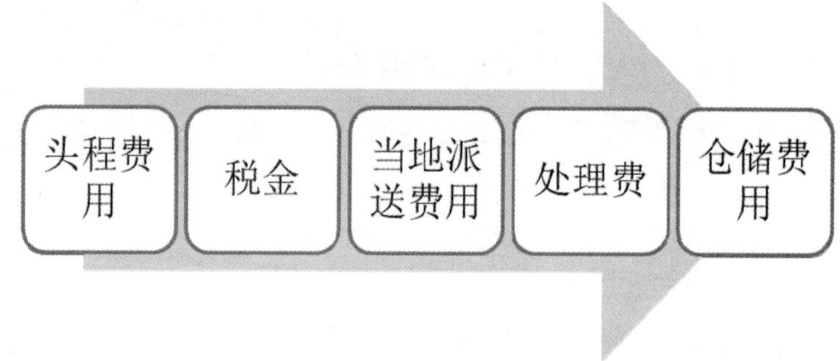

图 6-1 海外费用结构

6.2.1 头程费用

头程运费是指从中国把货运送至海外仓库地址这段过程中所产生的运费。本章节会针对使用航空运输的方式（以下简称空运）和使用货轮运送的方式（以下简称海运）运送。

1. 空运方式

空运费用结构：

费用包含：运费+清关费+报关费+其他费（文档费、拖车费、送货费）；

运费：按重量计算，有最低起运量限制（一般为 5kg 以上）；

清关费：按单票数量计算；

空运途径可为：客机行李托运，普货空运和商业快递。

下面列举某物流服务商发至英国报价仅供参考，如表 6-1 所示。

表 6-1　发至英国报价

<table>
<tr><th>运输方式</th><th colspan="2">价格</th><th>英国仓</th></tr>
<tr><td rowspan="5">客机行李托运
（OBC）</td><td colspan="2">运费</td><td>37.0</td></tr>
<tr><td rowspan="2">4PX代清关</td><td>清关费/票</td><td>300.0</td></tr>
<tr><td>提货费/kg</td><td>2.0</td></tr>
<tr><td rowspan="2">客户自有VAT税号清关</td><td>清关费/票</td><td>1,200.0</td></tr>
<tr><td>提货费/kg</td><td>2.0</td></tr>
<tr><td rowspan="6">普货空运
（Air Freight）</td><td colspan="2">100kg以内</td><td>31.0</td></tr>
<tr><td colspan="2">100kg及以上</td><td>28.0</td></tr>
<tr><td rowspan="2">4PX代清关</td><td>清关费/票</td><td>300.0</td></tr>
<tr><td>提货费/kg</td><td>2.0</td></tr>
<tr><td rowspan="2">客户自有VAT税号清关</td><td>清关费/票</td><td>1,200.0</td></tr>
<tr><td>提货费/kg</td><td>2.0</td></tr>
</table>

例如，发 5 公斤货物至英国仓头程费用算法：

37×5（运费）+300（清关费）+2×5（提货费）=495 元（其他费除外）

2. 海运方式

集装箱尺寸认识：

根据功能性的不同，集装箱有不同的规格，这里列举常见的。

集装箱按规格尺寸分：目前，国际上通常使用的干货柜（DRY CONTAINER）有：

普通货柜：

20 尺货柜（20’ GP:20 Feet General Purpose）；40 尺货柜（40’ GP:40 Feet General Purpose）；如表 6-2 所示。

高货柜：

40 尺高柜（40’ HQ:40 Feet High Cube）；45 尺高柜（45’ HQ:45 Feet High Cube）；如表 6-3 所示。

开顶货柜：

20尺开顶货柜（20’ OT:20 Feet Open Top）；40尺开顶货柜（40’ OT:40 Feet Open Top）；如表6-4所示。

平底货柜：

20尺平底货柜(20’ FR:20 Feet Platform);40尺平底货柜(40’ FR:40 Feet Flatform)；如表6-5所示。

表6-2　20尺和40尺货柜

柜型	图片	规格	长 × 宽 × 高（m）	配货毛重（t）	体积（m3）
普通货柜		2O GP	内：5.898×2.342×2.385	17.5	33.1(正常装28）
			外：6.058×2.438×2.591		
		40 GP	内：12.032×2.352×2.385	22	67.5(正常装56）
			外：12.192×2.438×2.591		

表6-3　40尺和45尺货柜

柜型	图片	规格	长 × 宽 × 高（m）	配货毛重（t）	体积（m3）
高货柜		40HQ	内：12.032×2.352×2.69	22	76.2（正常装68）
			外：12.192×2.438×2.896		
		45HQ	内：13.556×2.352×2.698	29	86(正常装78）
			外：13.716×2.438×2.896		

表6-4　20尺和40尺开顶货柜

柜型	图片	规格	长 × 宽 × 高（m）	配货毛重（t）	体积（m3）
开顶货柜		20 OT	内：5.898×2.352×2.342	23	32.5
			外：6.058×2.438×2.591		
		40 OT	内：12.034×2.352×2.330	36	65.9
			外：12.192×2.438×2.591		

表6-5　20尺和40尺平底货柜

柜型	图片	规格	长 × 宽 × 高（m）	配货毛重（t）	体积（m3）
平底货柜		20' PF	内：5.85×2.23×2.15	23	28
		40' PF	内：12.05×2.12×1.96	36	50

3．海运费用结构

海运可分为集装箱拼箱和集装箱整箱

集装箱拼箱是指装不满一整箱的小票货物(简称 LCL：Less Than Container Load)。这种货物通常是由承运人分别揽货并在集装箱货运站或内陆站集中，而后将两票或两票以上的货物拼装在一个集装箱内，同样要在目的地的集装箱货运站或内陆站拆箱分别交货。以实际体积计算运费，体积会分层计算，1CBM 起运。

集装箱整箱：以集装箱数量计算运费（简称 FCL：Full Container Load），由发货人负责装箱、计数、机载并加铅封的货运。整箱货的拆箱，一般由收货人办理。但也可以委托承运人在货运站拆箱。可是承运人不负责箱内的货损、货差。除非货方举证确属承运人责任事故的损害，承运人才负责赔偿。承运人对整箱货，以箱为交接单位。只要集装箱外表与收箱时相似和铅封完整，承运人就完成了承运责任。整箱货运提单上，要加上“委托人装箱、计数并加铅封”的条款。

下面列举某物流服务商发至英国报价参考，如表 6-6 所示。

表 6-6　发至美国报价参考

运输方式	立方区间	英国仓（每立方）
海运（LCL）	0-5CBM	1,200.0
	5.01-10CBM	1,200.0
	10.01CBM以上	1,000.0
	时效（工作日）	30天
海运（FCL）	20GP	24,000.0
	40GP	36,000.0
	40HQ	36,000.0
	时效（工作日）	24--27天

4．头程注意事项

（1）空运时会对重量轻、体积大的货物进行计泡处理　。重量计算方式：长（cm）×宽（cm）×高（cm）/6000；

（2）VAT 相关，请参考本章节 6.5 海外仓商品涉及的增值税；

（3）EORI 码。

EORI No.--Economic Operators' Registration and Identification 号码是由欧盟成员国的海关颁发给企业或个人与海关交流的唯一必备数字标识志，一国注册全欧盟通用。自 2009 年 7 月 1 日欧盟立法以来都要求所有欧盟成员国实施这个 EORI 计划方案，成员国里每个经济运营商都有一个独立的 EORI 号在欧盟用来进口、出口和中转货件。所有的经济运营商（定义：在欧盟海关注册登记的自然人或法人）需要使用他们唯一的 EORI 号参与海关及其他政府机构的电子通信和国际货物运输。

（4）如货物需单独报关，申请出口退税。

需提供以下资料：1. 装箱单，2. 发票，3. 报关委托书，4. 报检委托书，5. 合同，6. 出口收汇核销单，7. 需要商检货物提供“商检通关单”；且与对应口岸海关签署无纸化协议。

6.2.2 税金

税金指货物出口到某国，需按照该国进口货物政策而征收的一系列费用。

通常所称的关税主要指进口关税，进口关税是一个国家的海关对进口货物和物品征收的关税。征收进口关税会增加进口货物的成本，提高进口货物的市场价格，影响外国货物进口数量。因此，各国都以征收进口关税作为限制外国货物进口的一种手段。适当的使用进口关税可以保护本国工农业生产，也可以作为一种经济杠杆调节本国的生产和经济的发展。有些国家不仅仅只有进口关税，还有一些该国特定的费用。

例如以下几国所需税金计算方式，如表 6-7 所示。

表 6-7 税金计算方式

英 国	美 国	澳 洲	俄罗斯
税金=关税+VAT 关税=货值×关税税率 VAT=（运费+货值+关税）×20%	税金=关税=货值×关税税率	税金=关税+GST 关税=货值×关税税率 GST=（运费+货值+关税）×10%	税金=关税+VAT 关税=货值×关税税率 VAT=（运费+货值+关税）×20%

备注：俄罗斯，大部分入口货品均需缴付 20%增值税，而食品及儿童用品则付 10%，高科技、棉花及药物则免缴增值税。此外，部分奢侈品如：烟、酒、汽车、石油及首饰，更需缴付 25%至 90%消费税。

注释：VAT——Value Added Tax 增值税；

GST——Goods and Services Tax 增值税，消费与服务税；

关税税率——海关税则规定的对课征对象征税时计算税额的比例；

更多税金资料请参考本书第 5 章。

6.2.3　当地派送费用

当地派送费用俗称二程派送费用，是指买家对其产品下单后，由仓库完成打包配送至买家地址所产生的费用。各国物流公司操作不尽相同。下面分享某物流公司对几个国家的物流渠道报价作为参考。

1．澳大利亚物流渠道，如表 6-8 所示：

表 6-8　澳大利亚物流渠道

服务名	时效（工作日）	挂　　号	计　　泡	重量限制
澳大利亚本地邮政标准派送挂号	1 ~ 5	已含	否	5kg
澳大利亚本地邮政 Eparcel 派送	1 ~ 5	已含	否	22kg
澳大利亚本地标准派送	1 ~ 5	已含	否	5kg

各渠道价格和注意事项（因澳大利亚地广人稀，分区众多，此处报价列出部分仅供参考）

澳大利亚本地邮政标准派送

币种：人民币　　（元）

服务类型	Weight Not Exceed (g)	Sydney	Other AU
Small Letter	250	3.5	3.5
Large Letter	125	7.0	7.0
	250	10.5	10.5
	500	17.5	17.5
Parcel	500	29	28
	1000	30.4	34.4
	2000	30.4	34.8
	3000	30.9	35.9
	5000	31.7	39.3
以上报价不含挂号费，如需购买挂号服务，每件需加收		12（元）/件	

澳大利亚本地邮政标准派送注意事项如图 6-2 所示：

计费举例：

1. 500g，规格为24×13×3cm的包裹派至悉尼，

   挂号服务　　41（元）

   非挂号服务　　29（元）

2. 50g，规格为20×10×1cm的包裹派送至悉尼，

   挂号服务　　19（元）

   非挂号服务　　7（元）

注意事项：

1. 派送时效：　NSW为1～2个工作日，偏远地区约3～5个工作日
2. 重量限制：　Small Letter不能超过250g
   Large Letter不能超过500g
   Parcel不能超过5000g（超出5kg部分，推荐使用本地邮政Eparcel派送）
3. 规格限制：　Small Letter不能超过24×13×0.5cm
   Large Letter不能超过36×26×2cm
   Parcel最长边不能超过105cm，【2×（宽+高）】不能超过140cm
4. 产品优势：　适用低值，轻小，对时效要求不高的包裹派送
5. 计费重：　不计泡重，按照实际重量计算价格
6. 特殊说明：　1）该服务可派送到PO BOX地址
   2）此服务不提供丢货或者损货赔偿
   3）如需购买挂号服务，需要额外加收挂号费

图6-2　澳大利亚本地邮政标准派送注意事项

澳大利亚本地邮政Eparcel派送

币种：人民币　（元）

分区	分区代码	500g以下	Basic Charge	Kilo Rate
1	N1	34.4	34.4	0.0
2	GF	35.6	37.3	1.3
3	WG	35.6	37.3	1.3
4	NC	35.6	45.6	1.7
5	CB	35.6	45.6	1.7
6	N3	35.6	50.4	3.5
7	N4	35.6	50.4	3.5
8	N2	35.6	50.4	3.5
9	V1	35.6	41.2	2.2
10	GL	35.6	49.9	3.3
11	BR	35.6	56.5	4.5
12	V3	35.6	44.6	3.2

澳大利亚本地邮政 Eparcel 派送注意事项如图 6-3 所示：

计费注意： 1）包裹不足1kg部分，按照1kg计算，如501g则应按照1000g计费；1600g则应按照2000g计费

2）费用=Basic Charge +Kilo Rate× 重量（500g以下包裹按照500g计）

计费举例：

1. 1502g，规格为 24×13×3cm的包裹派至邮编508（悉尼），费用34.4（元）

2. 2507g,规格为 20×10×10cm的包裹派送至邮编250（Zone2），41.2（元）

3. 450g,规格为 10×10×10cm的包裹派送至邮编500（Zone3），35.6（元）

注意事项：

1. 派送时效： NSW：1~2个工作日，偏远地区：3~5个工作日

2. 重量限制： 22kg

3. 规格限制： 最长边不能超过105cm，总体积不超过0.25m³

4. 产品优势： 适用低值，稍微偏重的包裹派送

5. 计费重： 不计泡重，按照实际重量计算价格

6. 特殊说明： 1）该服务可派送到PO BOX地址

2）此服务不提供丢货或者损货赔偿

图 6-3 澳大利亚本地邮政 Eparcel 派送注意事项

澳大利亚本地标准派送

币种：人民币 （元）

Weight Not Exceed（g）	Zone1（Sydney）	Zone2	Zone3
500	30.7	31.3	35.7
1000	31.5	35.5	39.9
3000	32.2	42.6	44.3
5000	32.9	47.7	49.0

澳大利亚本地标准派送注意事项如图 6-4 所示：

计费举例：

1. 1502g，规格为24×13×3cm的包裹派至邮编2000（悉尼），费用 32.2（元）
2. 2507g，规格为20×10×10cm的包裹派送至邮编2250（Zone2）， 42.6（元）
3. 450g，规格为10×10×10cm的包裹派送至邮编2500（Zone3）， 35.7（元）

注意事项：

1. 派送时效： 1～5个工作日
2. 重量限制： 5kg（超出5kg部分，推荐使用本地邮政Eparcel派送）
3. 规格限制： 最长边不能超过105cm，总体积不超过0.25m^3
4. 产品优势： 适用低值，轻小，对时效要求不高的包裹派送
5. 计费重： 不计泡重，按照实际重量计算价格
6. 特殊说明： 1）该服务可派送到PO BOX地址
   2）此服务不提供丢货或者损货赔偿

图6-4 澳大利亚本地标准派送注意事项

2. 美国物流渠道推荐参考，如表6-9所示：

表6-9 美国物流渠道推荐参考

服务名	挂　号	时效（工作日）	计　泡	重量限制
美国本地邮政派送挂号-Package	已含	1～3	否	31.5kg
美国本地标准派送（不含签收）	已含	2～5	是	67.5kg

各渠道价格和注意事项（因美国分区众多，以下仅列举部分为参考）：

美国本地邮政派送-Packages

派送时效 1-3个工作日

币种：人民元 （元） 挂号可选：如需购买挂号服务，每件需加收2元/件挂号费

重量不超（g）	Zone 2	Zone 3	Zone 4	Zone 5	Zone 6	Zone 7	Zone 8	Zone 9
84	13.1	13.1	13.1	13.1	13.1	13.1	13.1	13.1
112	14	14	14	14	14	14	14	14
140	15.2	15.2	15.2	15.2	15.2	15.2	15.2	15.2
168	16.4	16.4	16.4	16.4	16.4	16.4	16.4	16.4
196	17.6	17.6	17.6	17.6	17.6	17.6	17.6	17.6
224	18.8	18.8	18.8	18.8	18.8	18.8	18.8	18.8
252	20	20	20	20	20	20	20	20
280	21.3	21.3	21.3	21.3	21.3	21.3	21.3	21.3
308	22.6	22.6	22.6	22.6	22.6	22.6	22.6	22.6
336	23.9	23.9	23.9	23.9	23.9	23.9	23.9	23.9
364	25.2	25.2	25.2	25.2	25.2	25.2	25.2	25.2

美国本地邮政派送-Packages 注意事项如图 6-5 所示：

计费举例：

1. 50g，规格为 13×12×1cm 的礼品卡，派送到邮编 35435，费用等于 8（元）
2. 1000g，规格为 21×15×4cm 的包裹，派送至邮编 35435，最优使用 Flat Envelope 派送，费用等于 44.2（元）
3. 1000g，规格为 31×20×4cm 的包裹，派送至邮编 35435（Zone8），超出 Flat envelope 限制，
   适用 Package 派送，使用非挂号服务费用为 83（元）挂号服务费用为 85（元）

注意事项：

1. 派送时效：1～3 个工作日
2. 重量限制：31.5kg（其中 Large letter 限重 364g，Flat Envelop 限重 1.8kg）
3. 规格限制：Large Letter 不能超过 38×30×1.9cm
   Flat Envelope 不能超过 30×21×5cm 且体积<=1560cm?
   Packages 的尺寸限制：【长+（宽+高）×2】不超过 274cm
4. 产品优势：Large letter & Flat Envelope 服务适用低值、轻小货物，Package 服务适用偏重并对时效要求高的产品
5. 计费重：不计泡重，按照实际重量计算价格
6. 获取挂号：挂号服务下单后即可获得挂号码
7. 特殊说明：1）该服务可派送到 Alaska、Hawaii、Puerto Rico
   2）此服务不提供丢货或者损货赔偿
   3）本地邮政派送-Package 报价不含挂号费，如需购买挂号服务，需要额外加收挂号费
   4）Flat envelope 为信封服务，建议货物 size 如上，但货物是否可以使用该服务派送，以海外仓包装后的结果为准
8. 退货说明：由于退货导致的费用增加，出口易保留向客户收回的权力
9. 查询网址：http://www.ec-firstclass.org/?track_number=43
   https://tools.usps.com/go/TrackConfirmAction_input
10. 派送说明：1）可派送到住宅&商业地址（Door to Door 派送）
    2）可派送到 APO/ FPO 等军事地址以及 PO BOX 地址

图 6-5　美国本地邮政派送-Packages 注意事项

美国本地标准派送

派送时效：2-5个工作日　　**报价不含签收，签收服务需要额外加收25RMB**

币种：人民元（元）　　产品代码：USRLS无签收　USRSS含签收

重量不超（kg）	Zone 2	Zone 3	Zone 4	Zone 5	Zone 6	Zone 7	Zone 8	Zone 9	Zone 10
0.45	67	67	67	67	67	67	67	180	141
0.90	67	67	67	67	67	67	67	194	155
1.35	67	67	67	67	67	67	67	206	170
1.80	67	67	67	67	67	67	67	222	185
2.25	67	67	67	67	67	67	67	235	199
2.70	67	67	67	67	67	67	67	243	210
3.15	69	69	69	69	69	69	69	254	225
3.60	69	69	69	69	69	69	71	262	233

美国本地标准派送注意事项如图 6-6 所示：

计费举例：

1. 1kg，20×10×10cm 包裹（体积重=0.34kg<1kg）送到 Zone 5，不购买签收，费用为 67（元）　购买签收费用为　92（元）
2. 3.6kg,50×35×20cm 包裹(体积重=5.84kg>3.6kg)送到 Zone 2,不购买签收，费用为 69（元）　购买签收费用为　94（元）

注意事项：

1. 派送时效：　2～5 个工作日
2. 重量限制：　67.5kg
3. 规格限制：　最长边不能超过 274cm，【长+2×（宽+高）】不超过 419cm
4. 产品优势：　适用高值、较重货物，贵重货物建议购买签收服务
5. 计费重：　计算体积重，按照体积重（体积重=长×宽×高/6000）与实际重的较大值计算费用
6. 获取挂号：　挂号服务下单后即可获得挂号码
7. 特殊说明：　1）该服务可派送到 Alaska、Hawaii、Puerto Rico，但因距离较远，费用较贵，建议使用本地邮政派送
   2）可派送到住宅&商业地址（Door to Door 派送）
   3）不可派送到 APO/ FPO 等军事地址以及 PO BOX 地址，建议使用本地经济&本地邮政派送
   4）以上报价不含签收费用，如需购买签收服务,需加收费用　25　（元）/件
8. 退货说明：　由于收件人拒收、地址错误、收件人搬迁等不可控原因造成的退件，将会退运至 CK1 仓库
   退货费用与发货费用相同，如产生额外费用，实报实销
9. 查询网址：　http://www.ec-firstclass.org/?track_number=43
10. **附加费：**　1）以下情形需加收特殊处理费：　38（元）/件
   - 最长边超过 152cm
   - 或第二长边超过 76cm
   - 或包裹实重超过 31.5kg
   - 使用木质或者铁质包装
   - 任何圆柱形包装，如轮胎、圆桶等没有使用瓦楞纸质包装包装好的货物

   2）当 330<【长+（宽+高）×2】<=419cm 时，需加收超长附加费：270（元）/件
   且加收超长附加费的包裹，计费重不足 40.5kg，按照 40.5kg 计算

   3）派送至偏远地区的包裹需加收偏远附加费，如下：

偏远分区	Zone 1	Zone 2	Zone 3	Zone4
附加费（元）/件	24	26	42	121

   4）如地址错误、不完整或为不达的 PO 地址，派送商会尽量协助修改地址，费用为　86（元）/件
   因修改派送地址造成的派送费用增加，将实报实销

图 6-6　美国本地标准派送注意事项

3．英国物流渠道推荐参考，如表 6-10 所示

表 6-10　英国物流渠道推荐参考

服务名	时效（工作日）	挂号	计泡	重量限制
英国本地经济派送	1-5	已含	否	15kg
英国邮政本地派送	1-3	可选	否	5kg

各渠道价格和注意事项：

英国本地经济派送

币种：人民币（元）

（签收时间：Zone1:1～3 个工作日　　Zone2:3～5 个工作日）已含挂号

Weight（KG）	Zone 1	Zone 2	Zone 3	Zone 4
1	25	56	83	25
2	39	69	90	39
5	39	69	95	39
10	40	71	97	40
15	51	74	99	51

英国本地标准派送注意事项如图 6-7 所示：

注意事项：

1、单边长不超过 1.2m

2、长+（宽+高）×2 不超过 2.25m

3、可派送到英国的岛屿 Channel Islands：GY 和 JE 开头的邮编

4、轨迹查询（需提供挂号码及其对应的邮编）：

http://www.hermes-europe.co.uk/

http://www.ec-firstclass.org/

5.第4区属于伦敦拥堵区，需要收取拥堵费，但是目前暂不进行收取。价格会与1区保持一致。

注意事项：

1、单边长不超过 1.2m

2、长+（宽+高）×2 不超过 2.25m

3、可派送到英国的岛屿 Channel Islands：GY 和 JE 开头的邮编

图 6-7　英国本地标准派送注意事项

英国邮政本地派送

币种：人民币（元）　　　　可选挂号

Royalmail Tracked 48(签收时间：1-3个工作日）

Format	Size	Weight	非挂号	挂号	含POD (With Signature)
Packet（限重10kg）	61*46*46cm	0-750	-	23	27
		751-1000	-	24	27
		1001-1500	-	24	28
		1501-2000	-	24	28
		2001-2500	-	25	29
		2501-3000	-	25	29
		3001-3500	-	25	29
		3501-4000	-	26	30
		4001-4500	-	26	30
		4501-5000	-	27	31
		5001-6000	-	28	33
		6001-7000	-	29	34
		7001-8000	-	32	37
		8001-9000	-	36	42
		9001-10000	-	40	46

Packet用Royalmail Tracked 48派送（如需签收服务可选择POD服务）

Royalmail Second class（签收时间：3-5个工作日）

Format	Size	Weight	非挂号	挂号
Packet	61*46*46cm	0-750	20.6	-
		751-1000	20.6	-

Royalmail Nextday Delivery(签收时间：1个工作日)

Format	Size	Weight	含挂号 Price
Special Nextday Delivery (限重10kg)	61*46*46cm	100g	62
		500g	65
		1000g	77
		2000g	97
		10000g	246

英国邮政发往其他国家

Royalmail Airmail（签收时间：西欧3个工作日，东欧5个工作日，其他国家5-7个工作日）

Size	Format			Europe	Rest of the World
61*46*46cm	Airmail（限重2kg）	非挂号	基础费用	8	14
			per kg	70	65
		挂号	基础费用	67	67
			per kg	66	65

英国邮政本地派送注意事项如图 6-8 所示：

举例：500g 的货物，体积=24×15×3cm

1、在英国本地派送

Packet　　体积在限制之内：Track48 挂号包裹费用= 23RMB

如需购买 POD，　费用=27RMB

Second class 非挂号包裹= 20.6RMB

Nextday Delivery　　体积在限制之内：费用=65RMB

2、发往欧洲

体积在限制之内：

非挂号费用=　　43RMB(实际重量×Per kg price+基础费用)

挂号费用=　　100RMB(实际重量×Per kg price+基础费用)

3、发往欧洲外其他国家

体积在限制之内，

非挂号费用=　　46.5RMB(实际重量×Per kg price+基础费用)

挂号费用=　　99.5RMB(实际重量×Per kg price+基础费用)

注意事项：

1、RM 本地服务重量限制为 5kg，二级服务 重量限制为 1kg。

图 6-8　英国邮政本地派送注意事项

4. 俄罗斯物流渠道推荐参考，如表 6-11 所示

表 6-11　俄罗斯物流渠道推荐参考

派送方式	时效（工作日）	挂号	计泡	重量限制
俄罗斯邮政一级空运小包	7~15	已含	是	2.5kg
本地快捷派送	1~5	已含	是	20kg

各渠道价格和注意事项：

俄罗斯邮政一级空运小包

币种：人民币（元）

（签收时间：7 ~ 15 个工作日）已含挂号

weight(kg)	Zone1
首重 100g	39
续重 100g	5

俄罗斯邮政一级空运小包注意事项如图 6-9 所示：

注意事项
1. 服务派送范围覆盖全俄,邮局派送是不到门，需收件人自提，货物到达当地邮局时，邮局会给收件人送提货单。
2. 计泡，体积重=长×宽×高/5000，取体积重和实重中较大者为计费重。
3. 重量限制为 2.5kg,首、续重不足 100g，按足 100g 计费。
4. 尺寸要求：任意单边长不超过 36cm，长+宽+高<=70cm。

图 6-9 俄罗斯邮政一级空运小包注意事项

本地快捷派送					
币种：人民币（元）					
（签收时间：1~5个工作日）已含挂号					
weight(kg)	Zone1	Zone2	Zone3	Zone4	Zone5
0.5kg	39	55	66	71	87
1kg	42	57	69	75	94
续重1kg	9	7	11	12	14
weight(kg)	Zone6	Zone7	Zone8	Zone9	Zone10
0.5kg	110	115	124	164	244
1kg	120	125	134	174	254
续重1kg	18	18	23	26	32

俄罗斯本地快捷派送注意事项如图 6-10 所示：

注意事项
1. 计泡，体积重=长×宽×高/5000，取体积重和实重中较大者为计费重。
2. 重量限制为 20kg。包裹重量在 500g 以内的，不满 500g，按 500g 算计费；包裹重量超过 500g，不满 1kg，按 1kg 计费。
3. 尺寸限制：单边长不超过 150cm，且长+宽+高<=270cm。

图 6-10 俄罗斯本地快捷派送注意事项

6.2.4 仓储管理服务费

此小节以与第三方服务商合作需要产生的费用讲解，仓储管理分为 2 部分费用。仓储费和订单处理费。

1. 仓储费

储存商品在仓库而产生的费用，一般第三方公司为了提高产品的动销率，会按周收取费用。如表 6-12 所示来自某公司仓储费报价（仅供参考）:

表 6-12　仓储费报价

币种：人民币（元）		
单件产品体积	每周的仓储费（元/周）	计算单位
0.001CBM（含）	0.45	每件
0.001~0.02CBM（含）	0.65	每件
0.02CBM 以上	40	每 CBM

举例：

① 单件产品的体积=0.5CBM，这件产品一周的仓租=0.5CBM×40 元/CBM=20 元

② 单件产品的体积=0.0005CBM，这件产品一周的仓租=0.45 元

2. 订单处理费

订单处理费指：买家对其产品下单后，由第三方人员对其订单拣货打包而产生的费用，如表 6-13 所示来自某公司订单处理费报价：

表 6-13　订单处理费报价

币种：人民币（元）	
产品分类	处理费/件
0 ~ 1000g	8
1001 ~ 5000g	10
500 ~ 10000g	14
1000 ~ 30000g	18
30001 ~ 31500g	20
31501 ~ 50000g	40
50 ~ 70kg	70
70 ~ 100kg	90

举例，多件发货的费用：

当产品数量大于 1 件时属于多件发货，例如：相同的库存编码多件一起发货；不同库存编码多件一起发货；两个订单合并发货。

（1）多件发货的运费按多件发货的总计费重所对应的费用收取。

① 使用需计泡的发货方式，在多件发货时，总计费重的计算：（单件货品取体积重和实际重中较大者作为计费重）

如果货物计费重之和×0.2>1kg，多件发货总计费重=货物计费重之和+1kg

如果货物计费重之和×0.2<1kg，多件发货总计费重=货物计费重之和×1.2

② 使用不需计泡的发货方式，多件发货时，计费重的计算：

如果货物实际重量之和×0.2>1kg，多件发货总计费重=货物实际总重量+1kg

如果货物实际重量之和×0.2<1kg，多件发货总计费重=货物实际总重量×1.2

a、2 件相同产品一起发货，每一件 4kg，不计泡：

（4kg+4kg）×0.2=1.6kg>1kg，多件后总计费重=（4kg+4kg）+1kg=9kg，运费按照计费重 9kg 对应的费用收取。

b、2 件相同产品要一起发货，每件是 1.5kg，不计泡：

（1.5kg+1.5kg）×0.2=0.6kg<1kg，多件后的总计费重=（1.5kg+1.5kg）×1.2=3.6kg，运费按照 3.6kg 收取费用。

c、两件不同产品，使用体积重=长×宽×高/5000 的发货方式：

第一件：12kg，size=80×30×50cm，体积重=80×30×50/5000=24kg>12kg

第二件：12kg，size=50×20×10cm，体积重=50×20×10/5000=2kg<12kg

（24kg+12kg）×0.2=7.2kg>1kg，多件发货计费重=（24kg+12kg）+1kg=37kg

多件发货的费用就是按上面多件发货的计费重 37kg 所对应的费用收取。

（2）多件发货的处理费（按照单件货物的实际重量对应的处理费叠加）：

① 1kg 和 8kg 的货物多件发货，处理费=8+14=22 元

② 两件 5kg 的货物多件发货，处理费=10×2=20 元

多件发货的 size 计算：

多件发货的总 size=最长长×最长宽×高之和

① 如 120×10×5cm 和 100×80×20cm，最终一起发的 size 是 120×80×（20+5）cm

② 如果发件数量为 3，如 120×10×5cm，合并后的 size 是 120×10×15cm

6.3　海外仓商品运费模板设置

6.3.1　申请海外仓权限

方法 1：

进入卖家后台——“交易”——“我有海外仓”——“申请开通”。如图 6-11 所示：

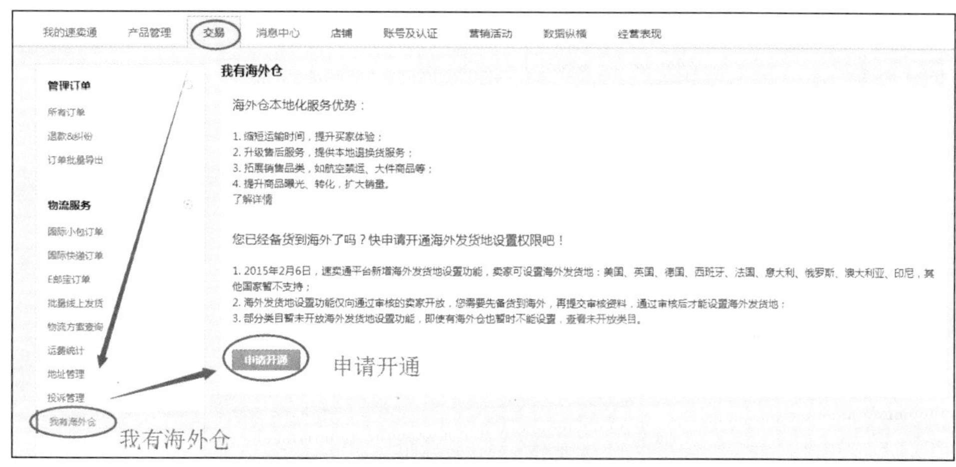

图 6-17　申请开通海外仓权限（一）

填写“申请发货地设置权限”相关资料——单击“申请”——“资料审核”——“签署协议”——“申请成功”。如图 6-12 所示：

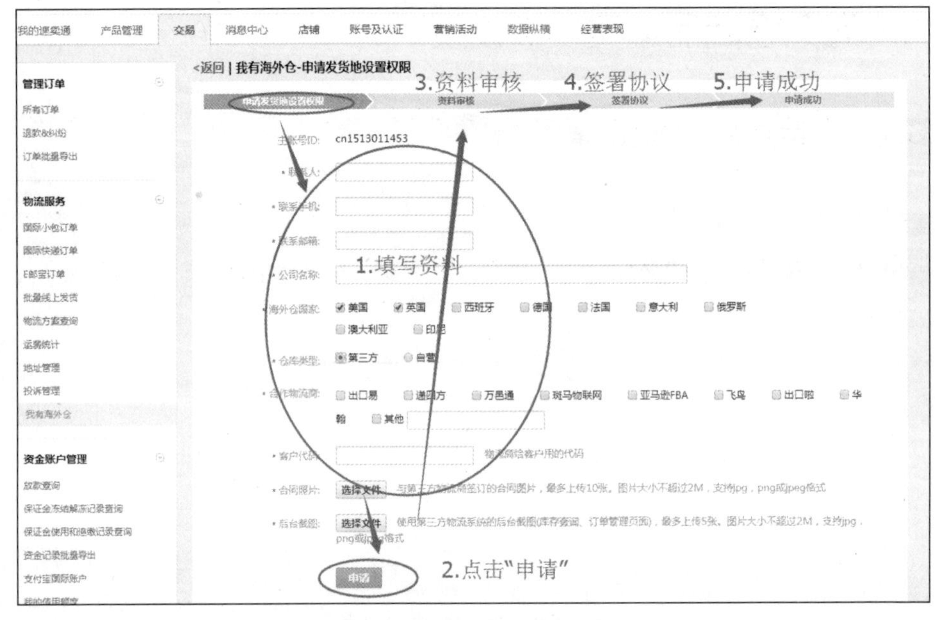

图 6-12 申请海外发货地设置权限（二）

方法 2：

进入卖家后台——“产品管理”——“模板管理”——“运费模板”，单击“新增运费模板”或选择现有运费模板单击“编辑”进入编辑页面下方申请海外仓权限。如图 6-13、6-14、6-15 所示：

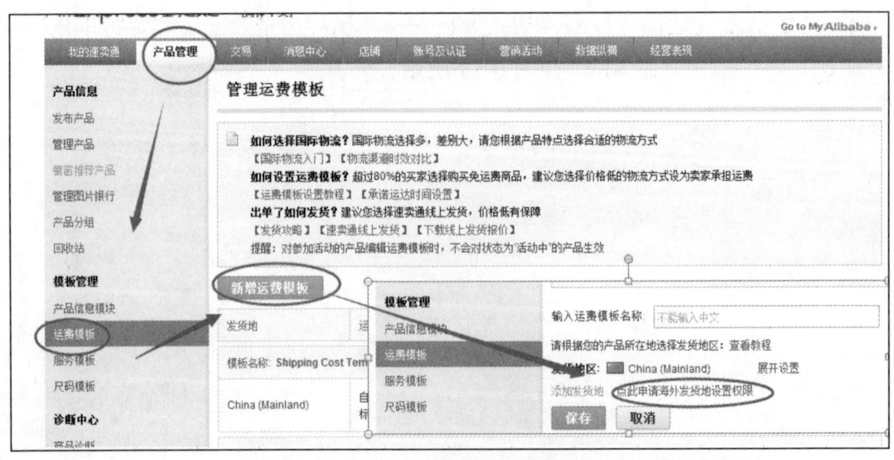

图 6-13 申请海外发货地设置权限（三）

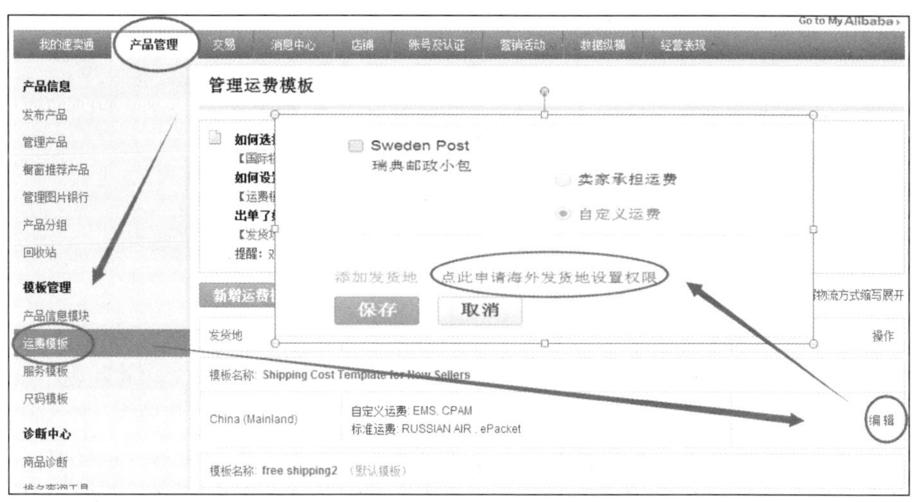

图 6-20　申请海外发货地设置权限（四）

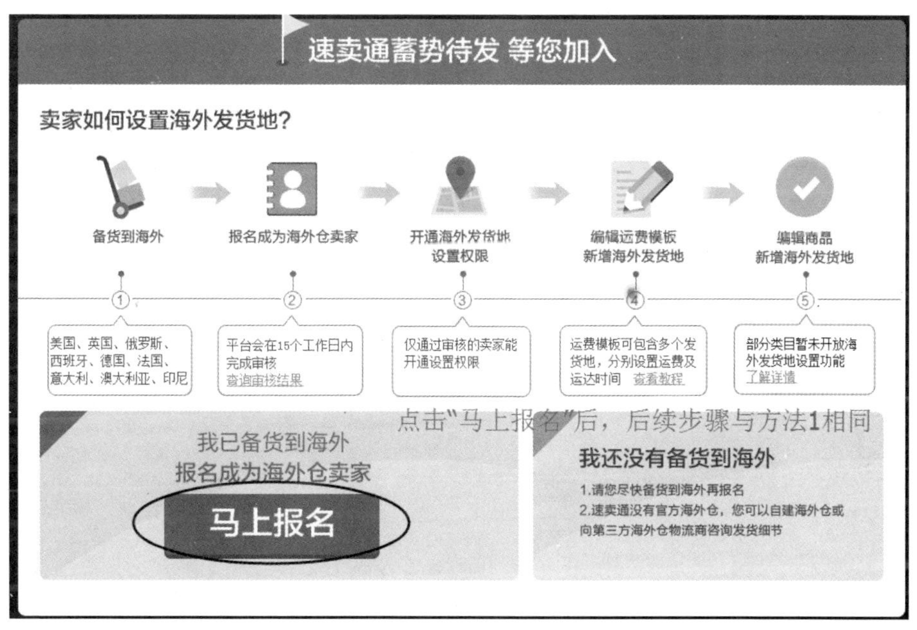

图 6-21　申请海外发货地设置权限（五）

6.3.2 海外仓商品运费模板设置流程

1．运费模版制作流程

（1）新增或编辑运费模板：

进入卖家后台——“产品管理”——“模板管理”——“运费模板”，单击新增运费模板按钮或选择现有运费模板进行编辑。如图 6-16 所示：

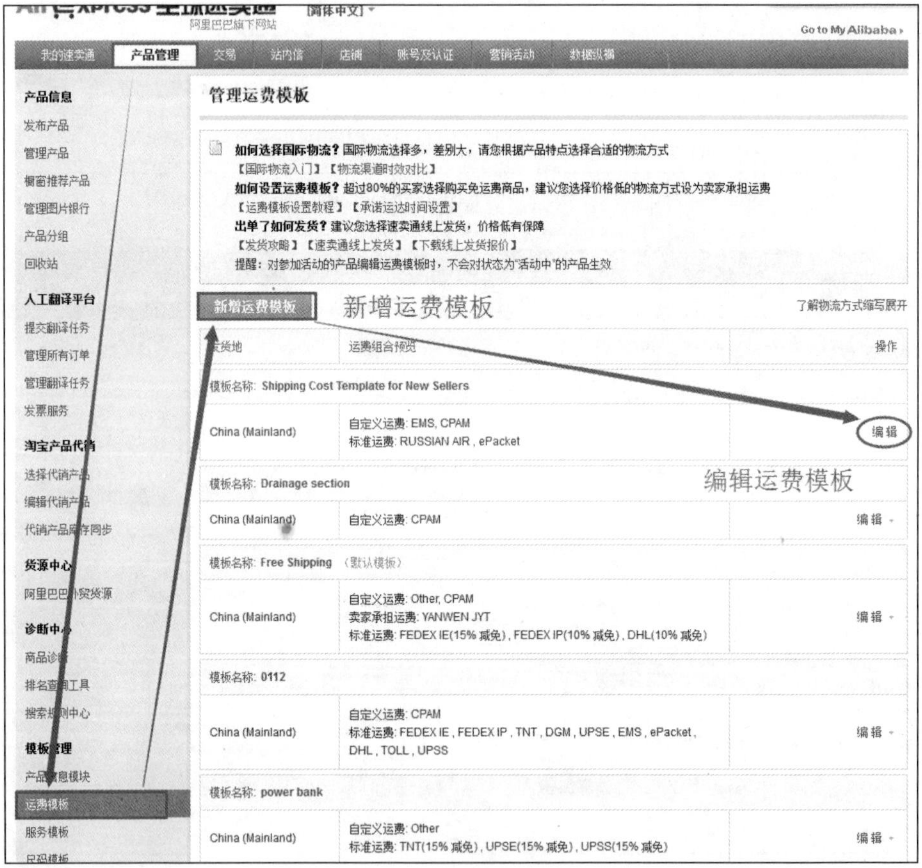

图 6-16　新增或编辑运费模板

（2）选择发货地：

单击“新增发货地”，勾选需要设置的发货国家，单击“确认”按钮，同一运费模板可以同时设置多个发货国家。目前运费模板中可选择的发货地设置仅包含中国在内的 10 个国家，如果您的商品发货地不在其中，请选择发货地为中国。后续平台会根据卖家发货地分布新增支持的发货国家。如图 6 17、6 18 所示：

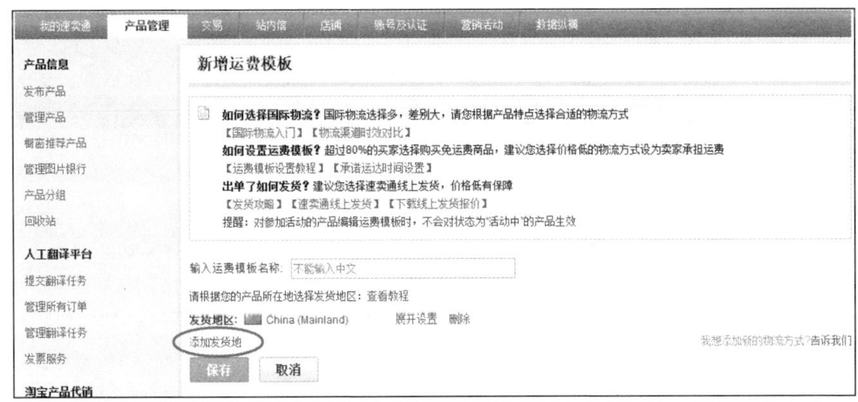

图 6-17　添加发货地

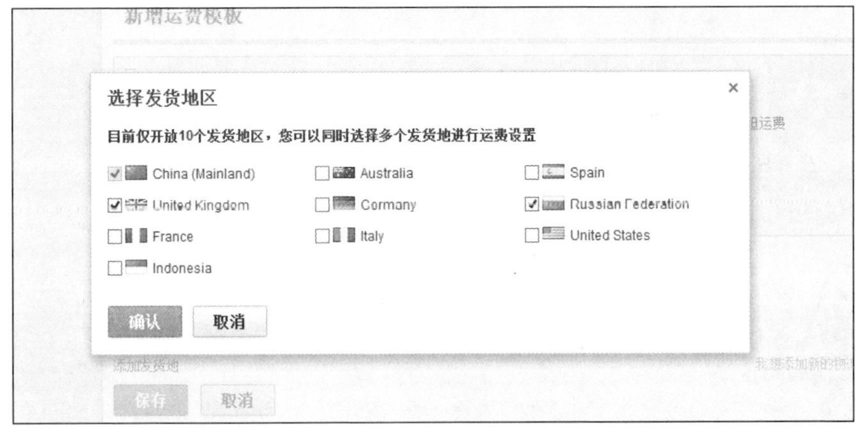

图 6-18　选择发货地区

（3）设置运费及时效：

单击发货地区后的“展开设置”，可针对不同的发货地区以及不同的物流方式分别设置运费及承诺运达时间。如图 6-19 所示。

提醒：您可以单击自定义运费，选择物流方式所支持的国家及运费；也可以单击自定义运达时间，对不同国家设置不同的承诺运达时间。

例如，发货地在美国，可以设置支持发往美国、加拿大、墨西哥、智利、巴西 5

国，并分别设置运费及承诺运达时间。发货国与目的国一致（除俄罗斯），承诺运达时间最长不能超过 15 天，俄罗斯可按照分区设置承诺运达时间，并且最长可设置 60 天。若发货国与目的国不一致，承诺运达时间与目前非海外仓设置时间一致，最长可设置 120 天，如图 6-20 所示。

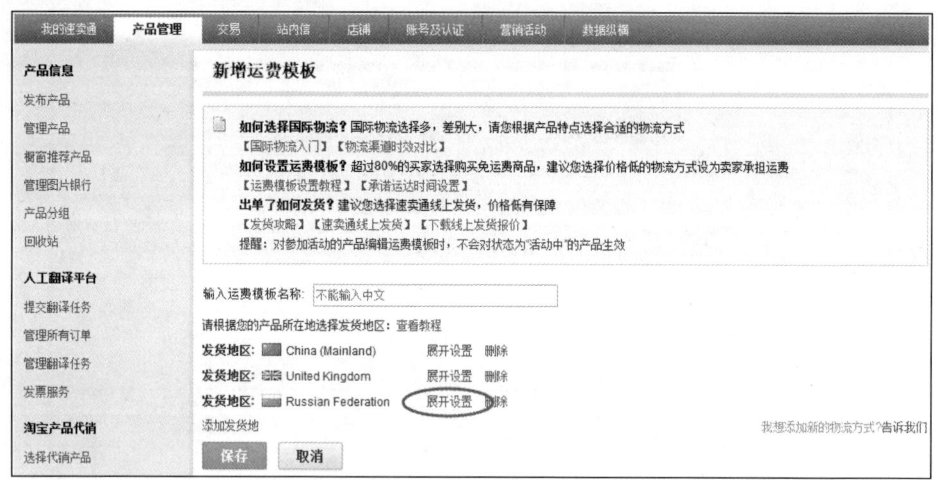

图 6-19　设置运费及时效（一）

图 6-20　设置运费及时效（二）

提醒

> 商品发货地必须和运费模板设置完全一致，您需要根据您的海外仓所在地新增或编辑运费模板。

例如，卖家莎莎有 3 个商品，商品发货地如下所示，她需要分别设置 3 个不同的运费模板。因为“商品发货地”必须完全和“运费模板设置的发货地”一致，所以 A 商品只能关联运费模板 1，不能够关联运费模板 2 和 3，如表 6-14 所示。

表 6-14　发货地与关联运费模板

商　　品	发货地	商品可关联的运费模板
A	中国	运费模板 1：发货地只有中国
B	美国	运费模板 2：发货地只有美国
C	中国&美国	运费模板 3：有 2 个发货地，中国和美国

2．海外仓运费模版使用方法

单击发布或编辑产品，进入产品发布页面，正常填写商品信息。卖家需要特别注意“发货地”和“运费模板”信息的填写。

（1）填写发货地：

① 在发货地一栏勾选商品发货地，可同时勾选多个发货地。

② 目前运费模板中可选择的发货地设置仅包含中国在内的 10 个国家，如果您的商品发货地不在其中，请选择发货地为中国。后续平台会根据卖家发货地分布新增支持的发货国家。如图 6-21 所示。

* 最小计量单位：件/个 (piece/pieces)

* 销售方式：◉ 按件/个 (piece/pieces)出售 ○ 打包出售

颜色：

发货地：☑ 中国 ☑ 美国 ☑ 英国 ☐ 德国 ☐ 西班牙 ☐ 澳大利亚 ☑ 俄罗斯 ☐ 印度尼西亚 ☐ 法国 ☐ 意大利

海外发货商品默认支持海外本地无理由退货服务，了解详情

下表的零售价是最终展示给买家的产品价格。

批量设置零售价：US $ 确定 批量设置库存： 确定

发货地	* 零售价	实际收入	* 库存	商品编码
中国	US $ /件	US $0		
美国	US $ /件	US $0		
英国	US $ /件	US $0		
俄罗斯	US $ /件	US $0		

总库存: 0 / 件

总库存值必须是1-999999之间的数

图 6-21 发货地设置

③ 每个卖家的海外仓产品都可以根据每个商品进行库存、价格等的设置。如图 6-22 所示。

注：当海外的商品不足的时候，无法从各个仓进行调配，若仓库无货，在 detail 页面的前台展示的国家按钮显示的是灰色的。

* 最小计量单位：件/个 (piece/pieces)

* 销售方式：◉ 按件/个 (piece/pieces)出售　○ 打包出售

颜色：

发货地：☑ 中国　☑ 美国　☑ 英国　☐ 德国　☐ 西班牙　☐ 澳大利亚　☑ 俄罗斯　☐ 印度尼西亚　☐ 法国　☐ 意大利

海外发货商品默认支持海外本地无理由退货服务，了解详情

下表的零售价是最终展示给买家的产品价格。

批量设置零售价：US $ [　] 确定　　批量设置库存：[　] 确定

发货地	* 零售价	实际收入	* 库存	商品编码
中国	US $ /件	US $0		
美国	US $ /件	US $0		
英国	US $ /件	US $0		
俄罗斯	US $ /件	US $0		

总库存: 0 / 件

总库存值必须是1 000000之间的数

批发价：☐ 支持

图 6-22　商品的库存、价格等设置

④ 其他操作与目前产品发布一致。

提醒

海外本地发货商品默认提供本地无理由退货服务（详情可参看海外仓无理由退货流程）。

a、只有发件国和目的国一致的订单才默认提供本地无理由退货服务。

例：卖家阿虎在美国仓备货的商品支持发往美国和加拿大，只有收货地为美国的订单才默认提供无理由退货服务。

b、无理由退货服务承诺：若买家不喜欢所购买的商品，可选择在交易结束前提起无理由退货，退回商品（必须未使用过，不影响二次销售）。卖家提供的退货地址必须在本地，退货运费由买家承担。买家退回商品后需要卖家确认，若卖家对退回商品或退款金额存在争议，可向平台发起申诉。

（2）商品选择运费模板：

① 产品发布页面只会展示能够选择的运费模板（运费模板发货地与商品选择的发货地完全一致），发货地不匹配的运费模板将不展示，如图 6-23 所示。

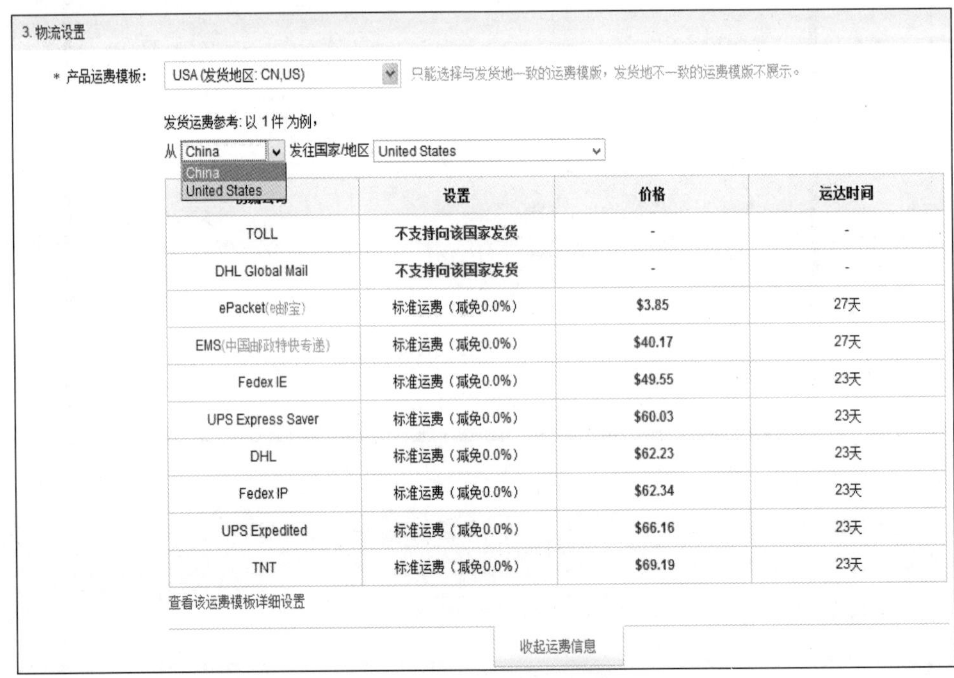
3. 物流设置

* 产品运费模板： USA (发货地区: CN,US)　只能选择与发货地一致的运费模版，发货地不一致的运费模版不展示。

发货运费参考: 以 1 件 为例，

从 China 发往国家/地区 United States

China

United States

	设置	价格	运达时间
TOLL	不支持向该国家发货	-	-
DHL Global Mail	不支持向该国家发货	-	-
ePacket(e邮宝)	标准运费（减免0.0%）	$3.85	27天
EMS(中国邮政特快专递)	标准运费（减免0.0%）	$40.17	27天
Fedex IE	标准运费（减免0.0%）	$49.55	23天
UPS Express Saver	标准运费（减免0.0%）	$60.03	23天
DHL	标准运费（减免0.0%）	$62.23	23天
Fedex IP	标准运费（减免0.0%）	$62.34	23天
UPS Expedited	标准运费（减免0.0%）	$66.16	23天
TNT	标准运费（减免0.0%）	$69.19	23天

查看该运费模板详细设置

收起运费信息

图 6-23　产品运费模板

② 产品运费模板选择完成后，其他操作按正常的产品发布流程，如图 6-24 所示。

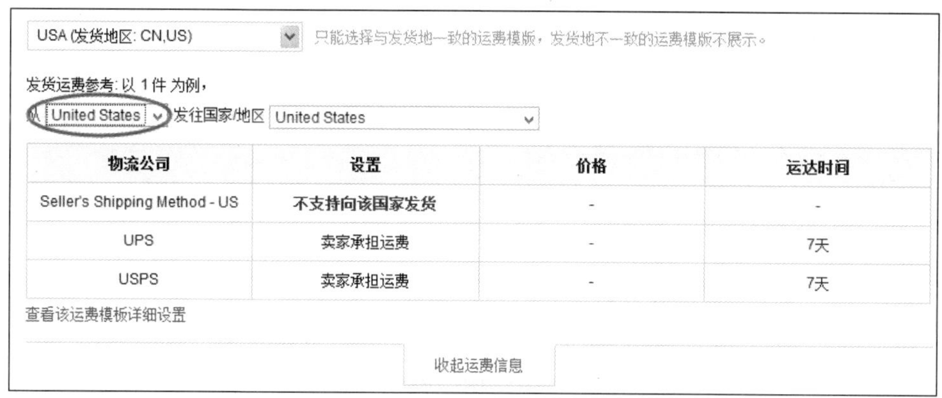

图 6-24　发货地、运费、时间等设置

③ 商品发布成功后，卖家可以在管理页面通过运费模板筛选出海外发货的商品，如图 6-25 所示。

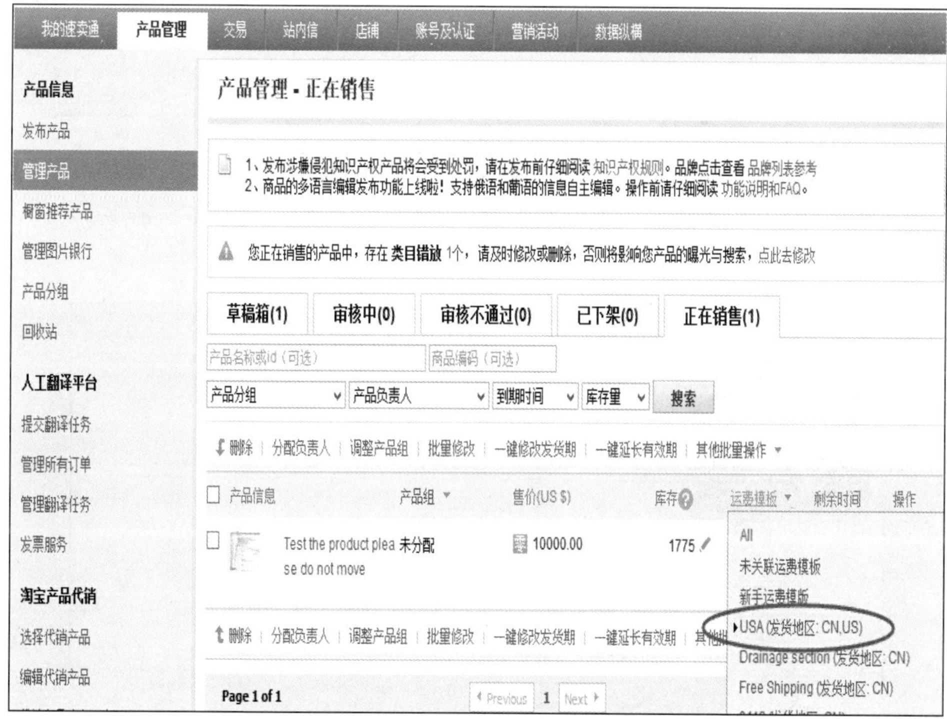

图 6-31　筛选海外发货的商品

6.4 海外仓平台规则

6.4.1 海外仓商品前台展示

卖家的海外仓商品发布成功后，买家可以在商品详情页看到商品的发货地信息，进行选择。

（1）买家可以在搜索页选择 ship from 国家，筛选海外发货的商品。

（2）买家也可以通过搜索 Domestic Delivery，一键筛选出本国发货的商品，如图 6-26 所示。

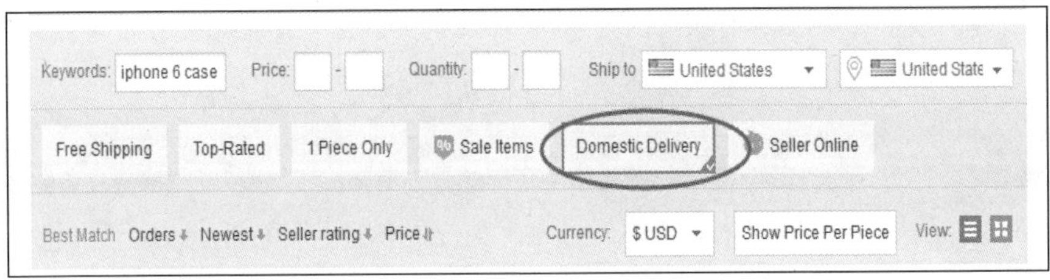

图 6-26　筛选本国发货商品

（3）海外本地发货（发货国与买家收件国一致）的商品将展示专属标志，如图 6-27 所示。

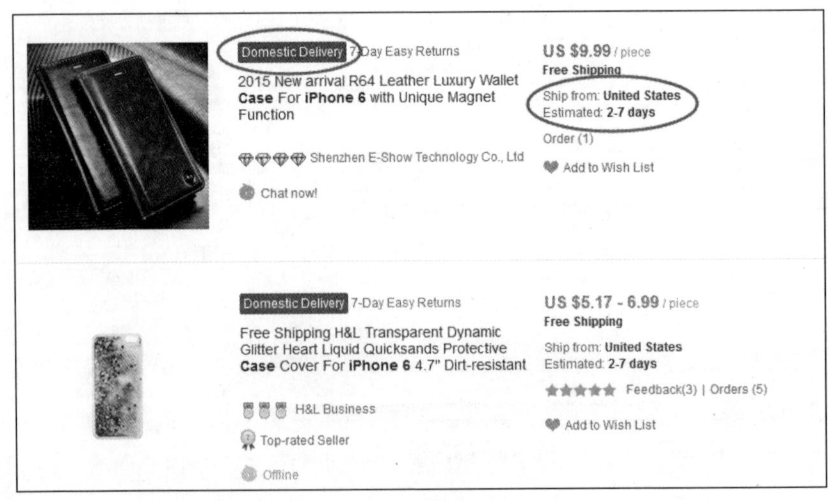

6-27　海外本地发货标志

（4）单击商品详情页面展示如下，对于刚登入 detail 页面的买家，需要选择发货地（ship from），根据买家选择的发货地及收货地，从而判断该订单是否享受海外仓本地化服务，如图 6-28 所示。

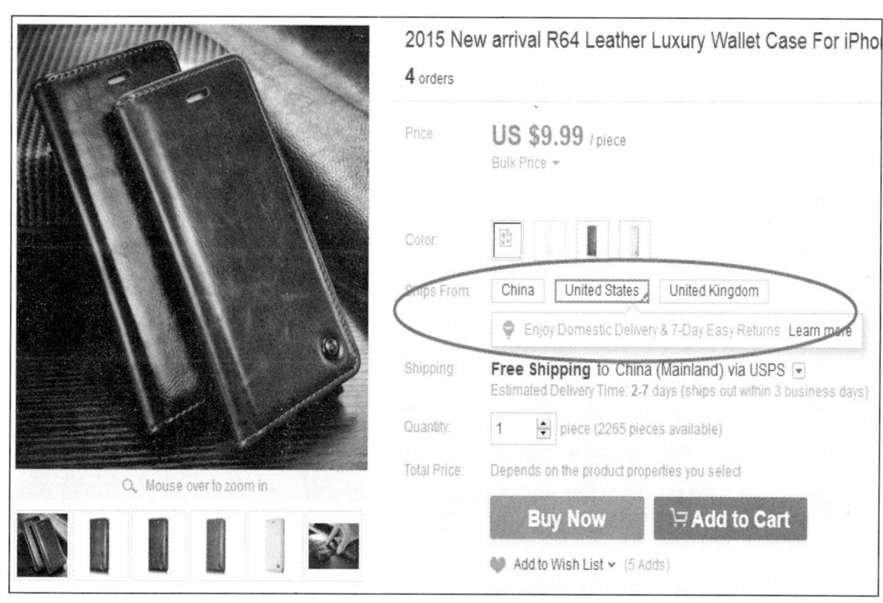

图 6-28　商品详情页面

6.4.2　海外仓商品服务规范

海外仓商品服务规范旨在规范海外仓物流服务标准，保证物流时效和买家体验。

严禁虚假海外仓作弊行为

海外仓订单的实际发货地必须与买家下单时选择的发货地一致，禁止擅自更改发货地，例如擅自从中国发货冒充海外发货。

平台从 2015 年 6 月 17 日起正式考核卖家的海外仓服务水平

考核范围：每天考核卖家历史 30 天海外仓服务水平以及卖家店铺整体经营情况。

考核标准如表 6-15 所示：

表 6-15 卖家历史 30 天服务水平及经营情况考核标准

考核维度	考核条件
海外仓服务水平	卖家海外仓服务及商品设置符合以下条件： 1. 海外仓物流纠纷率低于海外仓发货平均水平 2. 海外仓订单 7 天发货妥投（俄罗斯 15 天）处于正常范围 3. 海外仓商品发货期≥3 天
卖家店铺经营情况	店铺处于稳定良好经营情况，并符合以下所有条件： 1. 信用等级≥3 勋 2. 90 天好评率≥95% 3. 卖家服务等级非不及格 4. 卖家纠纷裁决率≤0.8%

指标解释：

海外仓订单—指买家下单时选择的发货地为海外的订单

海外仓商品—指发货地设置为海外国家或发货地包含海外国家的商品

物流纠纷率—指买家因为物流原因提起纠纷的订单占比

支付 7 天内妥投率—“物流妥投时间或买家确认收货时间-买家支付时间≥7 天”的订单占比（仅考核发货国与目的国一致的订单。例如墨西哥的买家购买了小清美国仓的商品，则这笔订单不计入 7 天内妥投率的考核）

6.4.3 海外仓商品奖励资源

前提：只有海外仓服务水平达标，且卖家店铺经营情况良好的海外仓卖家及商品，才能获得海外仓奖励资源。

卖家通过考核则可获得相应的海外仓奖励资源（如表 6-16 所示）。

表 6-16 通过考核的奖励资源

考核结果	奖励资源
海外仓服务水平通过考核； 店铺整体经营情况通过考核	1. 外仓商品 Domestic Delivery 打标（如图 7-4-1）； 2. 获得更多曝光机会
海外仓服务水平通过考核； 店铺整体经营情况未通过考核	海外仓商品 Domestic Delivery 打标
海外仓服务水平未通过考核； 店铺整体经营情况通过考核	仅能设置海外发货地，不能获得海外仓奖励资源
海外仓服务水平未通过考核； 店铺整体经营情况未通过考核	仅能设置海外发货地，不能获得海外仓奖励资源

以上信息摘自阿里巴巴速卖通官方公告。

地址：http://bbs.seller.aliexpress.com/bbs/read.php?tid=262532

6.4.4　海外仓相关问答

FAQ：

1. 为什么我不能设置海外发货地？

答：本功能仅向海外仓卖家开放，您需要先备货到海外，再报名申请成为海外仓卖家，通过审核后才能设置海外发货地。

报名链接：http://seller.aliexpress.com/so/domestic_delivery_intro.php

2. 一个商品可以设置多个发货地吗？

答：可以。

3. 同一个商品不同发货地的售价可以不同吗？

答：可以设置为不同售价。

4. 所有国家都可以设置为发货地吗？

答：不行。目前速卖通只支持 10 个发货国家，中国、美国、英国、德国、西班牙、法国、意大利、俄罗斯、澳大利亚、印尼。

5. 我的海外仓在美国，可以设置发到其他国家吗？

答：可以，以下为发货国辐射范围，海外仓商品除了可以设置发货到本国，也可设置发货到辐射国家。

美国：加拿大、墨西哥、智利、巴西。

英国：西班牙、法国、捷克、土耳其、意大利、比利时、荷兰、波兰、拉脱维亚、瑞典、德国、爱尔兰、挪威、希腊、芬兰、丹麦、葡萄牙。

德国：西班牙、法国、英国、捷克、土耳其、意大利、比利时、荷兰、波兰、拉脱维亚、瑞典、爱尔兰、挪威、希腊、芬兰、丹麦、葡萄牙。

西班牙：法国、英国、捷克、土耳其、意大利、比利时、荷兰、波兰、拉脱维亚、瑞典、德国、爱尔兰、挪威、希腊、芬兰、丹麦、葡萄牙。

法国：西班牙、英国、捷克、土耳其、意大利、比利时、荷兰、波兰、拉脱维亚、瑞典、德国、爱尔兰、挪威、希腊、芬兰、丹麦、葡萄牙。

意大利：西班牙、法国、英国、捷克、土耳其、比利时、荷兰、波兰、拉脱维亚、瑞典、德国、爱尔兰、挪威、希腊、芬兰、丹麦、葡萄牙。

俄罗斯：无。

澳大利亚：无。

印尼：无。

6. 海外仓商品的限时达时间可以设置多长？

答：本国发本国（除俄罗斯），承诺运达时间最长不超过 15 天，俄罗斯可按照分区设置承诺运达时间。

7. 如果我的商品既支持美国发货到美国，也支持中国发货到美国，美国买家可以选择中国发货吗？

答：可以。

8. 速卖通有官方海外仓吗？

答：目前没有。

9. 我用的是第三方的海外仓可以吗？

答：可以，只要您已经备货到海外，无论是自营海外仓还是第三方海外仓都可以。

10. 在哪些地方有海外仓打标的标注啊？

答：目前就订单搜索的 list 和 detail 页面有标注。

11. 海外仓订单加入购物车后，有海外仓的标志么？

答：目前没有。

6.5　海外仓商品涉及的增值税

6.5.1　VAT 简述

VAT 全称为 Value Added Tax，是欧盟的一种税制——售后增值税，是指货物售价的利润税。它适用于在欧盟国家境内产生的进口、商业交易以及服务行为。VAT 销售增值税和进口税是两个独立缴纳的税项，在商品进口到欧盟国家的海外仓会产生商品的进口税，而商品在其境内销售时会产生销售增值税 VAT。

如果卖家使用欧盟国家本地仓储进行发货，就属于 VAT 增值税应缴范畴，即便卖家所选的海外仓储服务是由第三方物流公司提供，也从未在当地开设办公室或者聘用当地员工，也需要交纳 VAT。

为了能依法缴纳增值税，卖家们需要向海外仓本地的税务局申请 VAT 税号。VAT 税号具有唯一性，只适用于注册当事人。

6.5.2　德国税号申请流程

按照德国联邦税务局的规定，海外商家和个人纳税者在德国本地的经营和服务活动没有免税金额，无论业务大小都需要向德国联邦税务局进行注册申报，以获取德国的 VAT 税务号并履行相应税务申报和缴纳的义务。

申请德国 VAT 税号主要有两种方式，一种是以公司的名义，其次是以个人的名义，具体细节如下。

（1）以公司的名义申请：

以公司名义申请德国税号，首先要注册德国公司，其次卖家方能以德国公司名义申请税号，具体细节如下：

【注册德国公司（第三方代理）】

① 卖家须提供如下档案和资料：

- 拟注册德国公司的英文/德文名称 3 个（如有）；
- 注册设立德国公司的目的/原因及经营范围；

- 注册成立德国公司要求股东核查/验资，注册资本不低于 EUR 25，000 欧元。在公司成立之前，配额持有者必须要在德国银行存入已缴全额股本（到位资金），随同公司文件提交说明在德国银行有资本帐号的证明文件（卖家需要提供证明书）;
- 提供至少 1 名股东的护照影印本（必须是中英文的公证档、并载明出生日期和住所）;
- 向代理提交登记文件及申请德国公司的资料;
- 申请参考时间：90 天。

② 卖家注册德国公司成立所得的全套资料：

- 德国公司注册档案;
- 注册成立德国公司的注册地址和德国公司营业地址，并委任 1 名德国当地居民担任董事（非德国公司股东）;
- 德国政府签发的德国公司注册证书（C.T.）/ 营业执照，在德国官方宪报上发布注册成立德国公司通告;
- 德国公司组织大纲及组织细则（M&A），德国公司股票簿，德国公司法定之股东、董事、秘书及公司会议记要;
- 德国公司金属钢印（Common Seal），银行支票签名原子印章。

③ 卖家注册德国公司，所交费用的用处及其他事项：

- 将用于：德国公司注册处费用、德国政府税号、德国律师及翻译、德国营业位址、委托当地代理人、档案印刷、德国官方宪报刊登等费用。

④ 注册德国公司说明：

- 注册德国公司：申请人须提供德国居民担任董事或公司担保人;
- 注册德国公司：申请人须出具 EUR 25000 欧元注册资本银行证明。

【申请德国 VAT 税号】

① 所需的资料信息

公司的名称、地址、联系方式、中国公司在其他国家（包括中国）是否有固定资产（若有子公司要提供公司名字、地址）、是否有法人代理人及其相关信息、新公司预计启用时间、香港或者德国银行账户信息、中国公司的性质（有限公司或无限公司）、中国公司在中国注册的申请和被批准时间、注册资金金额、股东个人信息、预估算总营业额、营业执照、中国公司的国税登记证书或者香港公司的注册证明（复印件）等。

② 申请步骤

填写表格→交由德国会计审核并在网上重新填写并确认→由德国会计转发德国税务局→将原件寄往德国税务局（地址：Finanzamt Neukölln，Thiemannstr. 1，12059 Berlin）。

（2）以个人的名义申请：

如果卖家有德国的工作签证，即可以个人名义申请。

① 所需的资料

卖家要提供的信息如下：姓名、出生日期、家庭住址、市与邮编、联系方式、境外银行账户（如：香港离岸账户，用于退税）、申请人的护照或者身份证复印件、经营类别（如：贸易）等。

② 申请步骤

填写表格→交由德国会计审核并在网上重新填写并确认→由德国会计转发德国税务局→将原件需寄往德国税务局（地址：Finanzamt Neukölln，Thiemannstr. 1，12059 Berlin）。

6.5.3　英国税号申请流程

自 2012 年 12 月 1 日开始，按英国税务和海关总署（HMRC）新规，只要海外公司或个人在英国销售商品，无论销售金额多大，都应申请注册 VAT 增值税号，并上缴售后增值税，除非这些商品或服务属于免缴增值税的范畴。

（1）可以用什么身份申请？

① 个体户，独资经营人（sole proprietor）

② 合伙人经营（partnership）

③ 公司经营（corporate body）

④ 协会或俱乐部（club or association）

（2）自行申请：

卖家可以在网上或者通过邮寄的方式自行向英国政府申请 VAT 税号。

① 如果卖家在英国没有办公室或者业务机构，也没有英国居住证，则属于 NETP（non-established taxable person）。NETP 只能通过邮寄方式申请 VAT 税号。首先，通过以下链接下载“VAT 申请表格”和“填写 VAT 申请表格提醒事项”，如图 6-29 所示。

https://www.gov.uk/government/publications/vat-application-for-registration-vat1

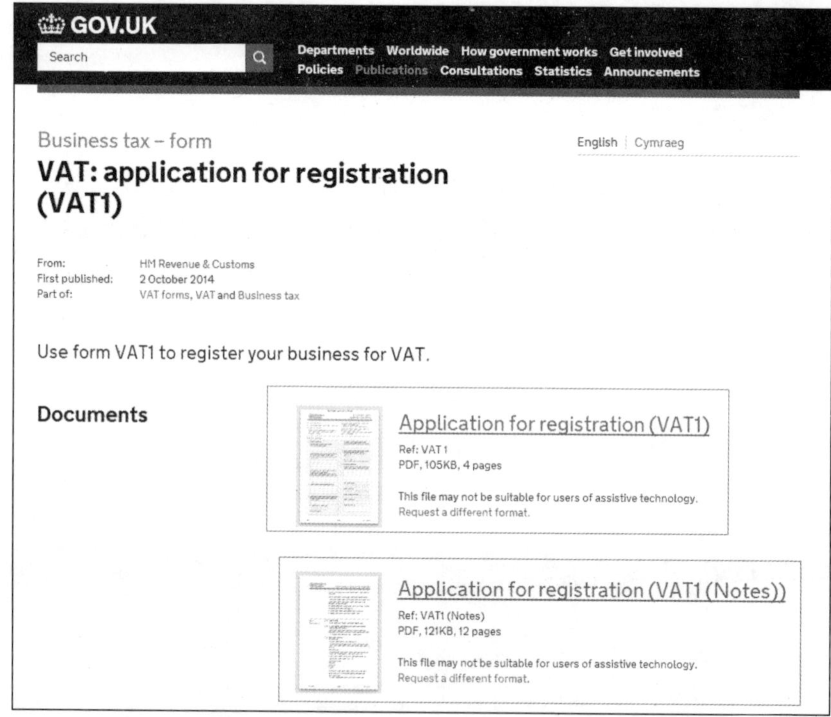

图 6-29　下载 VAT 申请表格及其提醒事项

然后，参考“VAT1 Notes（填写 VAT 申请表格提醒事项）”并将“Application for registration（VAT1）”填写完整后打印签字，邮寄至以下地址：

Non Established Taxable Persons Unit（NETPU）

HM Revenue & Customs

Ruby House，8 Ruby Place，Aberdeen

AB10 1ZP

United Kingdom

② 如果卖家有英国办公室或英国居住证，则可以直接在网上申请 VAT 税号（申请前需先注册一个 HMRC 的账户）。

打开网上申请 VAT 链接后（https://online.hmrc.gov.uk/login?GAREASONCODE=-1&GARESOURCEID=Common&GAURI=https://online.hmrc.gov.uk/home&Reason=-1&APPID=Common&URI=https://online.hmrc.gov.uk/home），如图 3-30 所示。

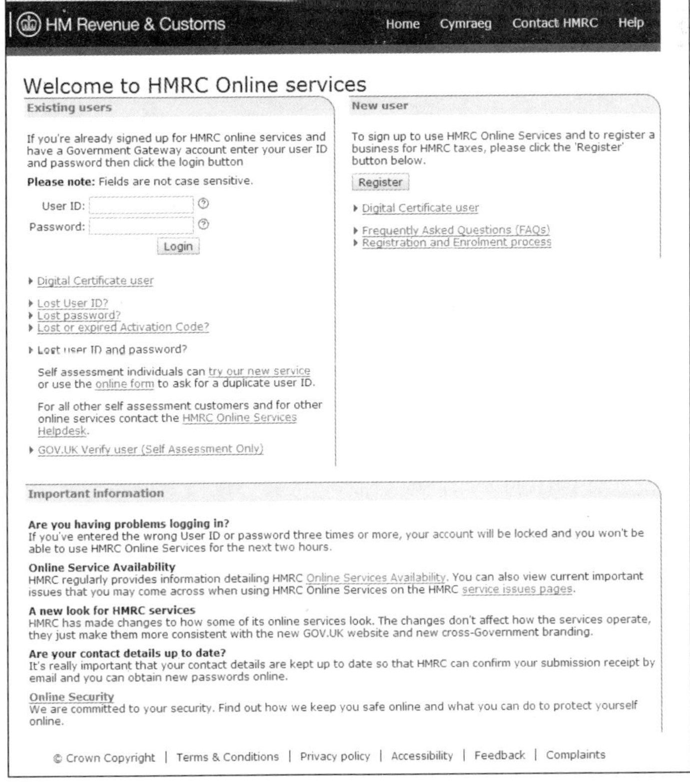

图 6-30　网上申请 VAT

另外，也可以通过邮寄方式申请，同 NETP，先在网上下载 VAT 申请表格，填写完整后打印签字，但邮寄至另外一个地址：

Wolverhampton Registration Unit

Deansgate，62-70 Tettenhall Road

Wolverhampton

WV1 4TZ

United Kingdom

更多详情可以前往英国税务部门 HMRC 网站了解：https://www.gov.uk/vat-registration/ how-to-register

6.5.4 第三方代理

卖家也可以授权给代理公司或者中介协助注册 VAT 税号。

（1）VAT 申请流程，如图 6-31 所示：

① 签订税务服务合同

② 提交申请表格及证件材料

- 申请表格包括：VAT 申请表格，客户信息表格。
- 证件材料包括：

A. 以个人名义申请：

a、个人身份证和护照的复印件或扫描件；

b、地址证明复印件或扫描件（包含近期三个月内的任意一个月的银行账单/水电费单/电话账单/信用卡账单）。

B. 以公司名义申请：

a、公司营业执照扫描件（如：香港公司需提供 BR 及 CR 扫描件）；

b、公司法人身份证和护照的复印件或扫描件；

c、公司地址证明复印件或扫描件（包含近期三个月内的任意一个月的银行账单/水电费单/电话账单/信用卡账单）。

③ 申请参考时间：**资料审核提交后 4 ~ 8 周**

④ 获得 VAT 税号证书文件及 EORI 号码信息

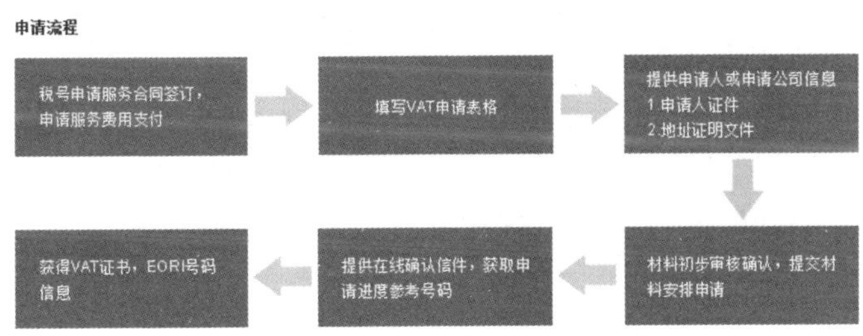

图 6-31　VAT 申请流程

（2）收费及维护：

一般代理会收取英国 VAT 增值税号及 EORI 海关号的申请费用，另外还有英国 VAT 季度税务申报（Quarter Return）费用及英国税务代理年费。其中，税务申报以英国税务局通知时间为准，3 个月为一个季度即一年申报四次；税务代理费用包括 VAT 税号注册地址费用（一般都使用代理在英国的税务所地址）和税务师与税务局不定期的沟通和处理信件等代理费用。根据不同代理公司的情况收费也会有所不同。

（3）VAT 申请表格填写示例，如图 6-32 所示。（不同代理公司提供的表格会不完全一致）

英国VAT增值税号申请表（个人）		
Personal information 【以个人身份注册仅需填写以下6行信息】	中文填写区域	英文填写区域
Name:（姓/名）	黄小剑	Xiaojian/HUANG
Date of birth:（出生日期）	1990/2/7	1990/2/7
Tax identification number:（可不填）		
Country of origin:（国籍）	中国	Chinese
英国的纳税编号 UK Self Assessment Unique Taxpayer Reference (if applicable):（可不填）		
Home address:（个人住址,需要跟地址证明的一致，如信用卡账单，水电费单）	广州市天河区 体育东路 华颖花园C栋703	Room 703,C building, Huaying Garden, East Tiyu Road, Tianhe,Guangzhou
Business activities		
Description of business activities: （公司业务,以何种形式销售什么产品，列举2-4个品类产品）	网上销售 如服装、电子产品等	E-commerce e.g.clothing,electronic products,etc
Total value of taxable turnover of the business in the next 12 months: （未来12月营业额预计）	1000,000英镑	1000,000GBP
Does the business buy from or sell goods/services to other EU member states?（是否会与欧洲其他国家有生意往来）	会	Yes

图 6-32　VAT 申请表格填写示例

以上海外仓商品的增值税申请流程仅供参考，实际申请流程请以德国和英国的官方公布信息为准。